穿行在纪念日里

主　　编　杨晓蓉

编　　者　马晓峰　韩晓斌　李平利　何焕丽

朱雅娟　杨俊花　申文亚　李　萍

耿燕飞　田　楠　梁艳红　杨　娟

雷小英　王小丽　曹　丽

学术顾问　牛文明

陕西师范大学出版总社

图书代号 JC17N1345

图书在版编目（CIP）数据

穿行在纪念日里 / 杨晓蓉主编. —西安：陕西师范大学出版总社有限公司，2016.6

ISBN 978-7-5613-8375-9

Ⅰ. ①穿… Ⅱ. ①杨… Ⅲ. ①阅读课－小学－课外读物 Ⅳ. ①G624.233

中国版本图书馆CIP数据核字（2016）第053726号

穿行在纪念日里

CHUANXING ZAI JINIANRI LI

杨晓蓉 主编

策 划 人 / 钱 栩

责任编辑 / 郝宇变 钱 栩

责任校对 / 曹克瑜

封面设计 / 道思设计 金定华

出版发行 / 陕西师范大学出版总社

（西安市长安南路199号，邮编710062）

网 址 / www.snupg.com

印 刷 / 陕西省富平县万象印务有限公司

开 本 / 787mm × 1092mm 1/16

印 张 / 15

字 数 / 287千

版 次 / 2016年6月第1版

印 次 / 2016年6月第1次印刷

书 号 / ISBN 978-7-5613-8375-9

定 价 / 32.00元

节日的文化呼唤

张新科

孔子说："移风易俗，莫善于乐；安上治民，莫善于礼。"（《孝经》）五千年的中华文明之所以灿烂辉煌、延绵久远，关键就在于传统文化的生命力、凝聚力与影响力。尤其是中国独具特色且富有人文韵味的礼乐文化，更是维系了中华文明的稳定性与长久性。以节日为代表的文化小传统，既保存和承接了传统礼乐文化的内核，又拓展和延伸了传统礼乐文化的影响。遗憾的是有些民俗文化正面临着日趋消亡的危机。因此，弘扬中华优秀文化，凝聚中国力量，既要重视文化精英开创的文化大传统，也要重视民间力量创造的文化小传统。这应该也是当下一切文化工作的重要任务之一。

近年来，随着中国社会的飞速发展，文化软实力的建设成为整个社会关注的焦点之一。为此，党和相关政府部门，以及文化界做出了不懈的努力和积极的探索。《完善中华优秀传统文化教育指导纲要》《关于全面加强和改进学校美育工作的意见》正是这些努力的集中体现。一大批有关民俗文化传统文化的图书如雨后春笋般地涌现出来。但这些图书令人在欣慰之余，不免有些美中不足。比如有的失之肤浅，有的失之粗糙，有的失之深奥。因此，我们更加迫切地呼唤着能真正涵盖传统文化精神与内涵的精品普及图书。陕西省特级教师卢焱与杨晓蓉等牵头主编的《徜徉于我们的节日》《穿行在纪念日里》两部书稿，以节日文化为基石，立足于文化教育，结合地域文化特点，兼重于学以致用，比较全面和系统地介绍了中国重要的传统节日与纪念日，是一套不可多得的精品图书。

这套书稿以传统节日和纪念日中的春节、元宵节、建党节、国庆节等为载体，以节日由来、传统习俗、节日活动、节日回望与思考等为主要内容，搜罗万象，精心筛选，深入探究。本套书最大的特点就是由表及里、由浅入深，逐步挖掘节日文化的内涵。具体而言，主要体现在三个方面：

其一，深入浅出，寓教于乐。书稿力避艰涩深奥，抓住学生的童真心理，文不求深，通俗易懂，以生动活泼的文字介绍了传统节日和纪念日的文化特征和与之相关的庆祝活动。不独如此，全书还配以丰富多样、童味十足的插图，让孩子们在轻松自由的氛围中，既充分了解了节日中的地域文化，又初步涉猎了传统典籍，可谓一举两得。

其二，智育培养与美育提升并重。19世纪英国著名诗人、文学和文化批评家阿诺德说："文化所追求的完美以美与智为主要品质。"书稿在提高学生的知识水平同时，还引入了许多与传统节日与纪念日息息相关的文化形态，比如风俗礼仪、童谣歌曲、饮食文化、天文历法、诗词文章等。这一切皆在某种程度上对学生的文化性格和情感认知的形成，有着积极的促进作用。

其三，知行合一。书稿重在培育和提高学生的认知水平和动手能力。比如书稿在写作训练和动手实践两大板块中，不仅以素材收集、范文欣赏、佳作摘录等，启迪和开发学生的智育能力，还以例文相析会等多种灵活多样的实践形式，注重学生动手能力的提高与培养。这在很大程度上弥补了目前我们学生眼高手低的不足与缺陷。

文化教育环境对青少年的成长至关重要。"文化自信"需要一大批有水平、有高度、有力度的图书改善我们的文化教育环境。我们深切地盼望着，出版界能多出像《徜徉于我们的节日》《穿行在纪念日里》这样的文化精品，让孩子们在听说读写、饮食娱乐中，既能充分理解中国节日文化的深邃与丰富，又能深入感悟节日文化的辉煌与魅力，并且从中汲取有益的营养，健康茁壮地成长为民族文化建设的后备生力军。

2016年6月于古城西安

张新科　长江学者、陕西师范大学文学院院长

穿行·思考·成长

杨晓蓉

在人类历史长河中，留下了无数可歌可泣的人物和故事：为争取解放与独立，为赢得尊严与权力，为促进进步与文明，为追求自由与和平，为民族，为人类，为我们生活的这个星球，人们曾付出了不懈的努力和不屈的斗争，甚至献出了宝贵的生命。今天，当我们回顾历史，品读历史留下的一个个纪念日，人们奋斗的身影还历历在目，悠扬的歌声依然令人荡气回肠。

“少年强则国强”，当前，我们正走在实现中华民族伟大复兴梦的大道上，我们的少年儿童更应该熟悉和牢记历史，铭记历史赋予自己的伟大使命。《穿行在纪念日里》是一本记录历史、记录英雄的读本。它收集了国际上意义重大的13个纪念日，为小读者们介绍了纪念日背后一个个鲜活的历史事件，讲述了撰写历史的一个个可爱人物的故事。历史是最好的教科书，这本书将带着小读者通过纪念日走进历史，了解历史，传承伟大的民族精神，努力践行社会主义核心价值观，为实现民族复兴的中国梦而努力。

翻开书籍，小读者就仿佛乘上了历史的列车——第一站，“雷锋，永远的榜样”；第二站，“‘三八’，芬芳的节日”；第三站，“三月，绿色的希望”……在不同的站点，你将会接触到不同的纪念日，了解一段不同的历史——这列火车，将载着你在历史长廊中穿行、思索。

而在每一个纪念日，你都会看到以下四个版块：“历史回放”——向你详细介绍纪念日背后的历史事件；“人物点击”——向你讲述与纪念日有关的人物的故事；“经典呈现”——会让你了解与纪念日有关的经典文艺作品，如书籍、电影、歌曲、画作等；“活动集锦”——向你呈现不同的国家、地区围绕纪念日所组织开展的形式多样的纪念活动。同时，“站点导读”和“心灵驿站”会帮你尽快了解本站内容，及时整理本节阅读体会。而文中穿插的“小知识、超链接”“博博、文文”的对话、“我的摘录、我的收获”等，会帮助你更好地进行阅读和思考。

为了方便小读者阅读，每一段历史，每一个事件，每一个人物，我们都尽量采用讲故事一般的语言，向小朋友们娓娓道来。相信，小朋友们一定会喜欢并认真阅读这本我们精心编撰的书籍。

让孩子“多读书、好读书、读好书”是语文教育工作者坚守的理念和共同的追求，本书的编写遵循陕西省中小学、幼儿园教学名师工作室立项课题“小学语文阅读‘回归性阅读’教学策略与实践研究”（课题编号MSKT1543）中“让阅读教学回归阅读本位，引导孩子多读书，在阅读体验中丰富情感和语言”这一核心观点，旨在为孩子提供优秀的阅读材料和精神食粮。

愿我们的孩子在中国特色社会主义新时代的浪潮中能有更加丰富的精神营养，愿孩子们在个性化的阅读中得到更加充裕的文化滋润，愿孩子们在坚持不懈的阅读与感悟中把握时代脉搏，树立远大理想，不断学习进取，开启中华民族伟大复兴的新的华章！

2016年6月

目录

第一站

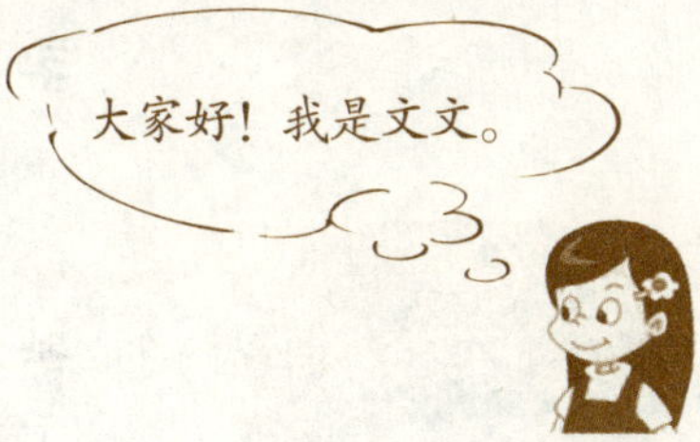
大家好！我是文文。

雷锋，永远的榜样

有一个人，出差一千里，好事做了一火车，别人称他为“傻子”，他却心甘情愿、乐此不疲；有一个名字，无数次被他自己用“解放军”代替，但却响彻（chè）长城内外、大江南北；有一种精神，经历了半个多世纪的风雨，却历久弥（mí）新，影响着一代又一代中华儿女……

“学习雷锋好榜样，忠于革命忠于党……”今天，让我们在这段铿锵（kēng qiāng）的旋律中，与博博、文文一起，走进那生生不已的历史画卷，感受雷锋那平凡而伟大的一生，并追随他的脚步，与千千万万个“活雷锋”同行，去续写新时期的“雷锋日记”。

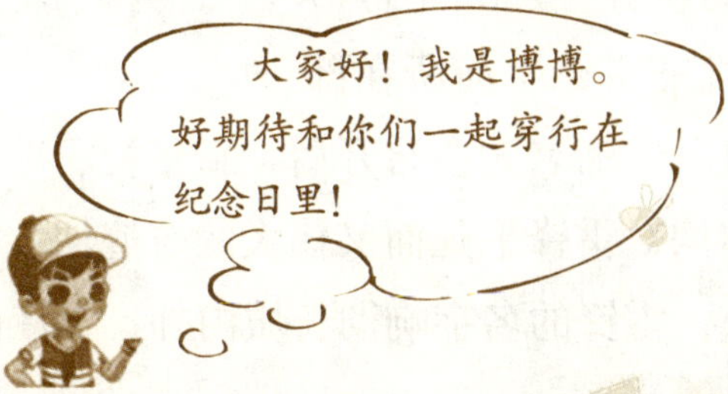
大家好！我是博博。
好期待和你们一起穿行在纪念日里！

历史回放

学雷锋纪念日的来历

雷锋，原名雷正兴，1940年出生在湖南省望城县一个贫苦的农民家庭，生前是解放军沈阳部队工程兵某部运输班班长、五好战士。

雷锋出生的时候，正是抗日战争时期，他的家庭被旧社会弄得支离破碎，短短四年多，他的爷爷、爸爸、妈妈、哥哥、弟弟五位亲人就被逼迫相继死去，小雷锋不满七岁就成了孤儿。邻居家的六叔奶奶收养了他。湖南解放后，乡政府的党支书供他读书。他小学毕业后在乡政府当了通信员，不久调到望城县委当公务员，被评为机关模范工作者，并于1957年加入共青团。1960年光荣参军。他事事吃苦在前，享乐在后，干一行爱一行，工作专拣重担子挑，主动给灾区人民捐款，做了数不清的好事，从不留姓留名……

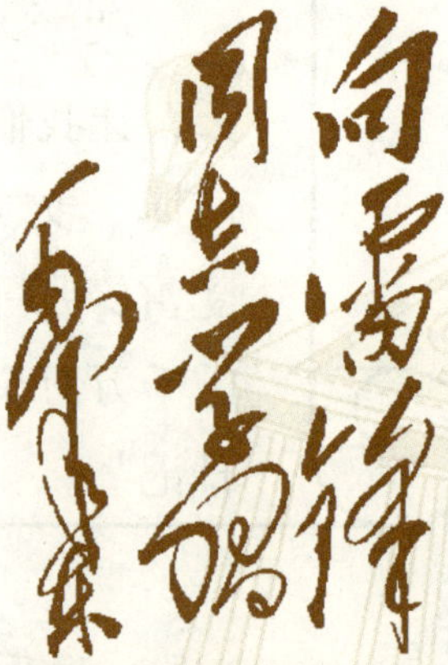
向雷锋
同志学习
毛泽东

1961年至1962年间，这位可爱的小战士的照片和感人事迹已在军内的《前进报》和辽宁的几家地方报上多次发表。许多单位邀（yāo）请他去做忆苦思甜的报告，还有一些小学校聘（pìn）任他为校外辅导员。1962年8月15日，雷锋因事故不幸殉（xùn）职，年仅22岁。

雷锋牺牲后，全国各地、军内军外对雷锋的宣传掀起了新的更加浩大的声势。1963年1月7日，中华人民共和国国防部批准雷锋生前所在部队运输连二排四班为“雷锋班”。命名大会召开后，新华社、《人民日报》《解放军报》等全国主要媒体均对雷锋平凡而又伟大的事迹加大宣传力度，在全军产生了空前的轰动效应，雷锋的名字响彻长城内外、大江南北。

雷锋是一位伟大的共产主义战士、全心全意为人民服务的楷（kǎi）模。1963年3月5日，毛泽东主席为英雄战士雷锋的题词“向雷锋同志学习”在《人民日报》发表。从这一天起，一个学习雷锋的活动在全国范围内以排山倒海之势蓬（péng）勃兴起。之后每年的3月5日也就成了学习雷锋的纪念日。

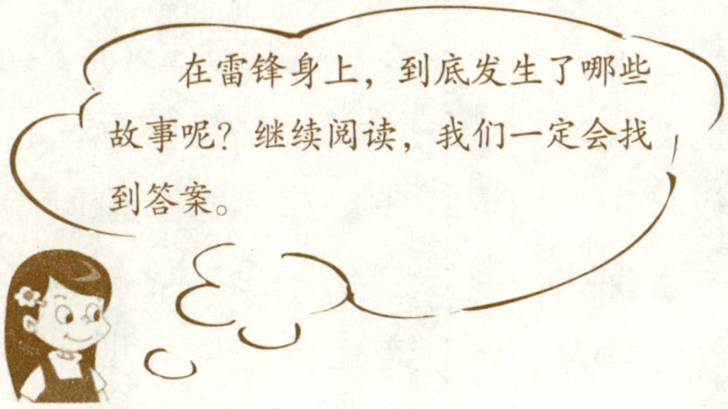
在雷锋身上，到底发生了哪些故事呢？继续阅读，我们一定会找到答案。

小知识

雷锋精神

雷锋精神是中华民族传统美德与社会主义精神、共产主义精神最完美的结合，雷锋的一言一行，一举一动，所表现出的是一个革命战士、共产党人为实现共产主义伟大理想而奋斗的精神。正是在这个意义上，周恩来同志曾精辟地把雷锋精神概括为四句话：“憎爱分明的阶级立场，言行一致的革命精神，公而忘私的共产主义风格，奋不顾身的无产阶级斗志”。“雷锋是我们‘民族的脊梁’”“雷锋精神是永恒的，是社会主义核心价值观的生动体现”“让雷锋精神落地生根”……党的十八大以来，习近平总书记就学习、弘扬雷锋精神多次做出重要指示，强调“要从娃娃抓起，让雷锋精神在全社会蔚然成风，世世代代弘扬下去”。

小知识

支离：零散，残缺。形容事物零散破碎，不完整。

殉职：（在职人员）为公务而牺牲生命。

楷模：值得学习的人或事物。

排山倒海：比喻力量强、声势大。

蓬勃：繁荣；旺盛。

说一说

博博：我知道了学雷锋纪念日的由来。

文文：我还想了解一些有关雷锋的故事。

我也说说：

超链接

好（hào）学的雷锋

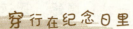

在电影院里，电影还没开演。一个姓贾的小学生发现前排座位上有个解放军叔叔正在聚精会神地看书。小学生探头一看，原来是他们的校外辅导员雷锋叔叔。“雷锋叔叔，这么一点时间，你还看书啊？”雷锋说：“时间短吗？我已经看了三四页了。时间短，可是看一页算一页，积少成多嘛！学习，不抓紧时间不行啊！”

雷锋是一个汽车兵，整天开着车到处走，没有整块的时间坐下来学习。他总是千方百计抓紧点滴时间来学习。他把书放在挎包里，随车带在身边。只要车一停，没有别的事，就打开书看一阵。每天晚上出车回来，总要挤出一点时间学习，有时候熄灯睡觉了，他还找地方去看书学习。雷锋就是用“钉子”精神去刻苦学习的。

可敬的“傻子”

1960年8月，抚顺发洪水，运输连接到了抗洪抢险命令。雷锋忍着刚刚参加救火被烧伤的手的疼痛，又和战友们在上寺水库大坝连续奋战了七天七夜，荣立二等功。

望花区召开大生产号召动员大会，声势很大，雷锋上街办事正好看到这个场面，他就取出存折上攒（zǎn）的200元钱（存折上共有203元），跑到望花区党委办公室捐献出来，他说，要为建设祖国做贡献。他为国家建设，为灾区可以捐献出自己的全部积蓄（xù），却舍不得喝一瓶汽水。雷锋在日记中写道：有人说我是“傻子”……我是甘心情愿做这样的“傻子”的，革命需要这样的“傻子”，建设也需要这样的“傻子”。

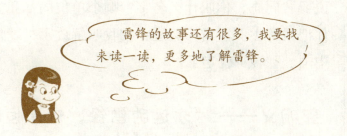

雷锋的故事还有很多，我要找来读一读，更多地了解雷锋。

此时，雷锋，这个响亮的名字一定在你内心久久回荡。

有人说：“雷锋已经永远离开了我们。”他真的离开了吗？

人物点击

雷锋——“我叫解放军，就住在中国”

雷锋出差去安东参加沈阳部队工程兵军事体育训练队。从抚顺一上火车，他看到列车员很忙，就动手干起活来。擦地板，擦玻璃，收拾小桌子，给旅客倒水，帮助妇女抱孩子，给老年人找座位，接送背大行李包的旅客。这些事情做完了，他又拿出随身带的报纸，给不认识字的旅客念报，宣传党的政策，一直忙到沈阳。

到沈阳车站换车的时候，他发现检票口吵吵嚷（rǎng）嚷围了一群人，近前一看，原来是一个中年妇女没有钱买车票。雷锋听了，就领着大嫂到售票处，用自己的津贴费补了一张车票，塞（sāi）到她手里说：“快上车吧，车快开了。”大嫂说："同志，你叫什么名字？哪个单位的？我好给你把钱寄去。"雷锋笑道："我叫解放军，就住在中国。"转身就走了。

小知识

兢兢业业：小心谨慎、认真负责。

忠于职守：忠诚地对待自己的职业岗位，尽力地遵守自己的职业本分。

郭明义——"永远的雷锋，我永恒的榜样"

10多年来，他以"雷锋传人"为荣，助人为乐，不图回报，在家庭生活并不富裕的情况下，累计为"希望工程"捐款10余万元。

20多年来，他积极参加无偿献血，累计无偿献血6万多毫升，按抢救一个病人需要800毫升计算，可至少挽救75名危重患者的生命。

30多年来，他先后担任汽车驾驶员、统计员、扩建办英文翻译等工作，在每个岗位都兢（jīng）兢业业，像雷锋那样忠于职守，做颗永不生锈（xiù）的螺丝钉。

他的爱心团队遍及14个省份，160余支队伍，直接参与者6万余人……这是截（jié）至2012年2月，"郭明义爱心团队"的规模，而这还只是"不完全统计"，因为几乎在每一天，加入郭明义爱心团队的人数，都在增长。

说一说

博博：雷锋真是"出差一千里，好事做了一火车！"

文文：郭明义做好事做了几十年，就是一名"活雷锋"！

我也说说：

孙茂芳——“学雷锋，幸福他人也幸福自己”

北京军区总医院原副政委、被誉为“京城活雷锋”的孙茂芳把学雷锋活动与解决老百姓实际困难结合起来，把雷锋当作“一生的榜样”，以雷锋的名义，孙茂芳扛起了尊老爱幼、扶危济困的大旗，一扛40年。他孝敬老人，当老人的小棉袄；帮助残疾人，当残疾人手中的拐杖；帮助不幸的人，当他们眼中的小油灯；帮助青少年朋友，当他们人生路上的小航标……

吕希庆——“做凹面镜，汇聚阳光，发射光芒，温暖身旁”

吕希庆是河北省沧州市青县曹寺镇曹寺中学学生。他学习勤奋，成绩优秀，关心集体，乐于助人。从小学三年级起，吕希庆就主动要求做残疾同学刘晓（出生三个月被确诊为先天性脊柱裂，随着病情的恶化，到小学时已无法正常行走）的同桌，照顾刘晓在校期间的生活起居：背他上厕所，帮助他打饭、上下楼梯、交作业，陪他聊（liáo）天解闷。从小学到初中，吕希庆一背就是八年，瘦弱的肩膀成了刘晓的“大靠山”，单薄的身体成了刘晓的“双腿”，其间走过的路有上万里之多。在学校，在村里，吕希庆把帮助身边的人当作了一种乐趣。他年年被评为“校园雷锋”， 2009年被评为感动河北十大人物之一。他说，想想自己帮助刘晓走过的道路，心中总是充满了快乐。

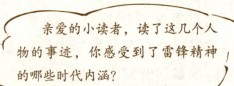

亲爱的小读者，读了这几个人物的事迹，你感受到了雷锋精神的哪些时代内涵？

在我们身边其实还有很多“雷锋”。你了解下面这些人物的事迹吗？可以和伙伴讲一讲。

超链接

- 亲民爱民的焦裕禄
- 拾荒老人陈贤妹
- 最美女孩刁娜
- 轮椅上的微笑天使董明
- 时代先锋孔繁森
- 最美叔叔谢尚威
- 最美教师张丽莉
- 草根慈善家阿里木江

经典呈现

《雷锋全集》

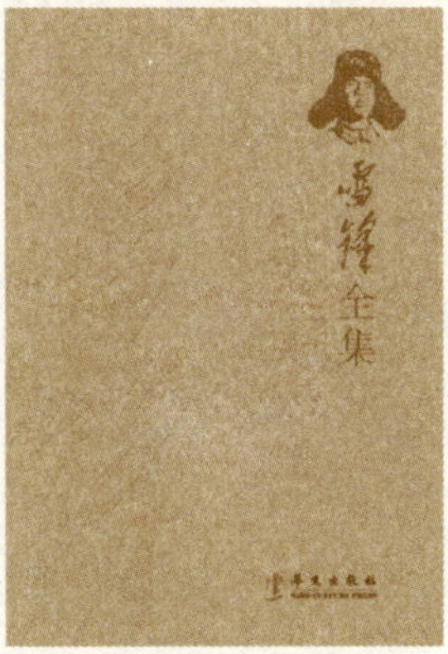
雷锋
全集

本书汇集了雷锋22年人生历程中所写下的全部文字，包括日记、诗歌、小说、讲话、书信、散文、赠言等，读者通过本书能够全面、真实地了解雷锋的人生，学习雷锋精神。本书史料真实、内容翔实。

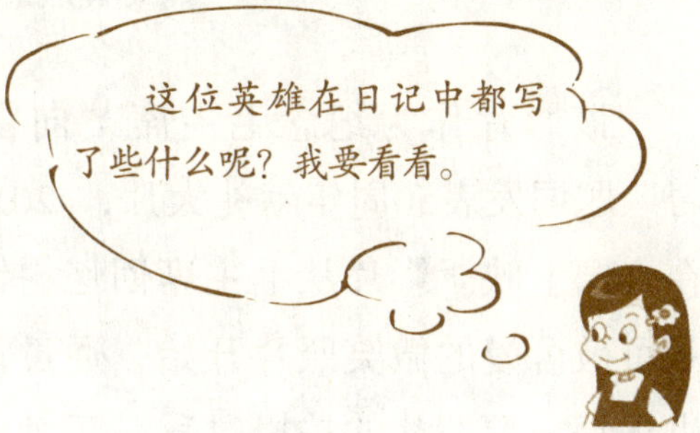
这位英雄在日记中都写了些什么呢？我要看看。

《雷锋精神读本（4～6年级）》

雷锋精神读本
LEIFENG JINGSHEN DUBEN
（4～6年级）

本书以中央最新概括的雷锋精神为指导，对雷锋故事进行了重新编排，图文结合，有新意，语言通俗易懂，适合4～6年级小学生学习。让学生能够在阅读中，懂得雷锋，明白雷锋，自觉地将雷锋精神记在心里，并在生活中不断践行。

《雷锋》

雷锋

这是最早的关于雷锋的影视作品，影片选择了雷锋的几个具有代表性的生活片断，表现了雷锋全心全意为人民服务的精神。这部影片曾感动过亿万观众，并被中宣部、文化部定为爱国主义教育百部影片之一，在学雷锋活动中起到了重要作用。

《雷锋的微笑》

该影片作为纪念毛主席“向雷锋同志学习”题词发表50周年献礼大片，2013年3月5日在全国上映。影片从毛主席回忆雷锋生前一张张可敬可爱的微笑照片开始，通过几位当事人讲述每一幅照片的拍摄过程，巧妙地述说了作为一个普通士兵的雷锋的成长故事和耀眼的思想光辉。

雷锋的微笑

请跟随这些20世纪60年代的学雷锋宣传画，走近雷锋，走进那个时代。

学雷锋 树新风

好好学习，永远
忠于党，忠于人民。

人的生命是有限的，可是，为人民服务是无限的，我要把有限的生命，投入到无限的“为人民服务”之中去。——雷锋

当祖国和人民处在最危急的关头，我就挺身而出，不怕牺牲，生为人民生，死为人民死。——雷锋

向雷锋叔叔学习
XIANG LEI FENG SHU SHU XUE XI

学习雷锋好榜样

1=G $\frac{2}{4}$

洪源 词
生茂 曲

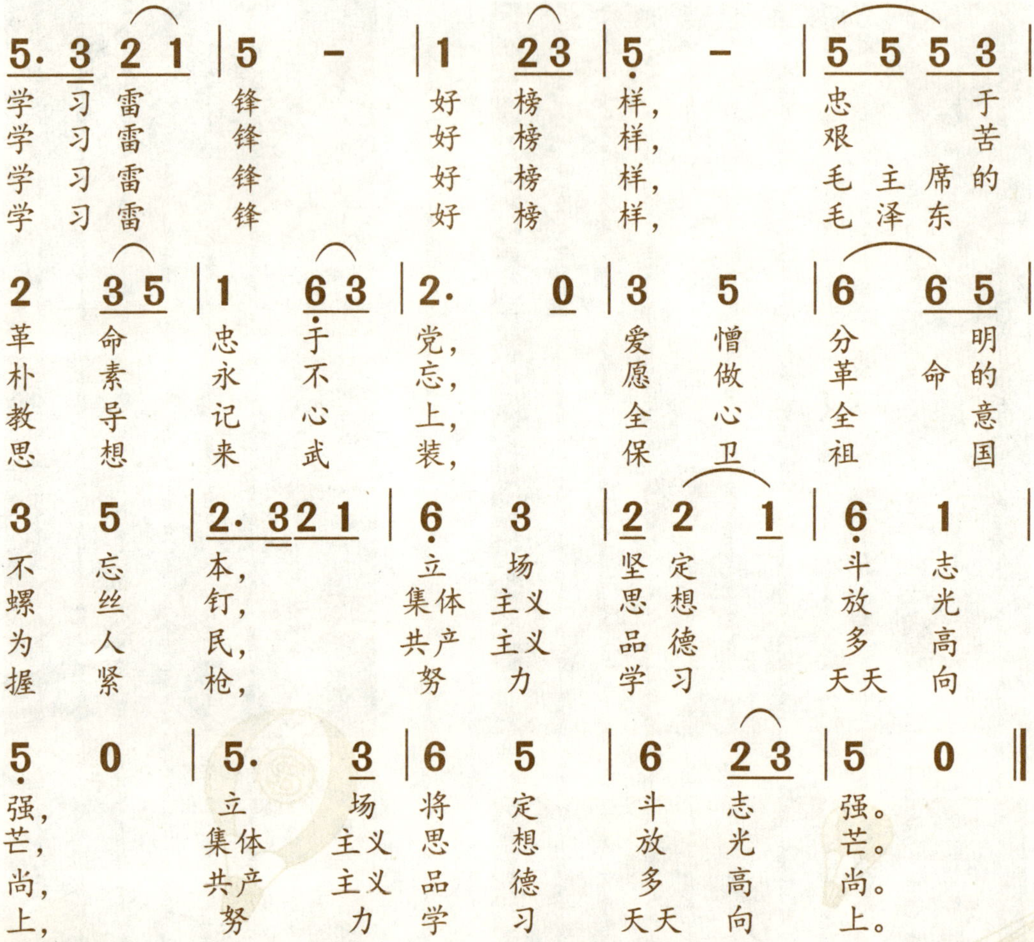
学习雷锋好榜样，忠于革命忠于党，爱憎分明不忘本，立场坚定斗志强，立场坚定斗志强。
学习雷锋好榜样，艰苦朴素永不忘，愿做革命的螺丝钉，集体主义思想放光芒，集体主义思想放光芒。
学习雷锋好榜样，毛主席的教导记心上，全心全意为人民，共产主义品德多高尚，共产主义品德多高尚。
学习雷锋好榜样，毛泽东思想来武装，保卫祖国握紧枪，努力学习天天向上，努力学习天天向上。

除了《学习雷锋好榜样》这首歌，我还会唱《接过雷锋的枪》：“接过雷锋的枪，雷锋是我们的好榜样；接过雷锋的枪，千万个雷锋在成长……”

从以上作品中，你感受到了一个怎样的雷锋？你还打算阅读和欣赏哪些作品？

读了《雷锋日记》，我摘录了里面的一句话：“在工作上，要向积极性最高的同志看齐，在生活上，要向水平最低的同志看齐。”

超链接

《雷锋日记》节选

高楼大厦都是一砖一石砌（qì）起来的，我们何不做这一砖一石呢！我所以天天都要做这些零碎事，就是为此。

一朵鲜花打扮不出美丽的春天，一个人先进总是单枪匹马，众人先进才能移山填海。

有些人说工作忙、没有时间学习。我认为问题不在工作忙，而在于你愿不愿意学习，会不会挤时间。要学习的时间是有的，问题是我们善不善于挤，愿不愿意钻。一块好好的木板，上面一个眼也没有，但钉子为什么能钉进去呢？这就是靠压力硬挤进去的，硬钻进去的。由此看来，钉子有两个长处：一个是挤劲，一个是钻劲。我们在学习上，也要提倡这种“钉子”精神，善于挤和善于钻。

一个人的作用，对于革命事业来说，就如一架机器上的一颗螺丝钉。螺丝钉虽小，其作用是不可估计的。我愿永远做一颗螺丝钉。

活动集锦

雷锋，一个耳熟能详的名字；雷锋精神，一种激励了一代又一代人的时代精神。半个多世纪以来，遍及神州大地的学雷锋实践活动，将雷锋精神熔铸于时代脉搏，播撒在公众心田。在雷锋精神的感召下，涌现出了一大批学雷锋的先进典型、道德模范、感动中国人物。2016年3月5日第54个学雷锋纪念日到来之际，全国各地掀起新一轮学雷锋热潮，各项活动进行得如火如荼，在天津，在广州，在渭南……雷锋精神历久弥新，随着时代的发展，学雷锋的形式也不断推陈出新，既丰富和创新了雷锋精神，也更好地弘扬和践行了志愿服务之风。

天津：雷锋小学学雷锋

天津市雷锋小学

2016年3月3日，天津市未成年人“传承雷锋精神，争做美德少年”主题活动在雷锋小学举行。天津市雷锋小学是本市唯一一所用“雷锋”的名字命名的学校。活动包括“走进雷锋小学”“讲述雷锋故事”“传承雷锋精神”等环节，通过朗诵、故事讲述、舞台情景剧等形式，展现了雷锋同志的坚定信念和崇高品格。活动中，天津市美德少年与学生代表向全市未成年人发出倡议，号召全市未成年人践行社会主义核心价值观，做雷锋精神的弘扬者、传承者和践行者。全体学生在雷锋塑像前宣誓：“像雷锋叔叔那样，全心全意为人民服务，刻苦学习，争做美德好少年！”

广州：人人学雷锋，共创模范城

2016年3月5日下午，广州市委宣传部、市文明办、团市委共同发起的2016年广州市“学雷锋”全民志愿服务行动月集中行动日活动在团一大广场开展，现场180名新注册志愿者庄严宣誓加入广州志愿者行列。

来自各公共服务行业的代表们身着鲜艳的志愿者标志服，向市民发出“人人学雷锋，共创模范城”爱心接力马拉松倡议。爱心接力马拉松活动由广州共青团发起，其线下活动——V跑团在学雷锋集中行动日启动第一跑，35名跑友代表在越秀区率先开跑。此次爱心接力马拉松持续两天，由300名V跑团成员带动全市市民共同参与。

而在线上，广州共青团还将在微信和微博上发起广州版的“冰桶挑战”——爱心接力微志愿活动挑战赛，发动市民群众、志愿者完成随手志愿小活动，传递正能量。

为了响应此次“学雷锋”全民志愿服务行动月活动，广州市11区纷纷发动市民做志愿者，开展各类志愿服务活动。从三月份开始，广州市的各服务队伍陆续开展学雷锋树新风活动。

渭南：传承雷锋精神，参与志愿服务

2016年，为大力弘扬和传承雷锋精神，推动社会主义核心价值体系建设，从3月5日起陕西省渭南市文明办、市志愿者协会联合组织开展了以“传承雷锋精神，参与志愿服务”为主题的服务月活动。

此次服务月活动在大力弘扬雷锋精神和“奉献、友爱、互助、进步”志愿服务精神的同时，将全面结合渭南市创建全国文明城市工作，进一步营造创建氛围，服务创建大局，以期切实提升市民素质和城乡文明程度。服务月开展的各类活动以关爱他人、关爱社会、关爱自然为主要内

容，组织各类志愿者走进社区，以空巢老人、留守儿童、农民工、残疾人为重点，开展医疗、法律、心理援助、文化娱乐等社区服务。

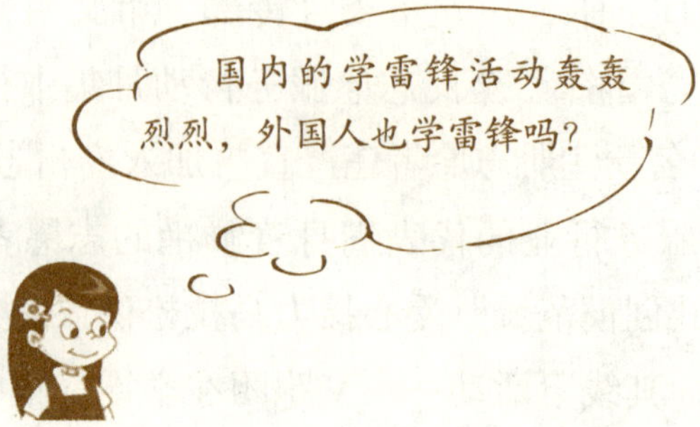
国内的学雷锋活动轰轰烈烈，外国人也学雷锋吗？

超链接

雷锋精神在国外

美国有“学习雷锋研究会”，专门学习和研究雷锋的优秀事迹，鼓励人们为社会做好事。

在瑞典首都斯德哥尔摩的街头，经常会出现穿着印有雷锋头像T恤衫的青年，他们会热情地帮助别人。

泰国政府曾经专门印发了《雷锋》小册子，号召国民学习“雷锋精神”，为国家为社会多做有益的事。

我们还参加了这些活动，你参加了吗？

2017年3月3日，青岛市李沧区实验小学美术教师王小璇在给学生展示雷锋经典照片沙画。

捐款箱

2016年3月2日，长沙高新区平安小学举行学雷锋月启动仪式，学生们积极参加了“爱心捐赠零花钱，关爱困难小伙伴”活动。

听爸爸说，以前，3月份是“学雷锋月”，现在，学雷锋活动已经常态化，人们随时随地学雷锋。

我认为帮助他人是学雷锋，勤俭节约是学雷锋，坚守岗位、努力工作也是学雷锋……

我觉得……

我的摘录

我的收获

我的创意设计

小读者，请你为我们小学生设计一个学雷锋实践活动方案吧！

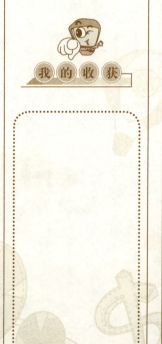

心灵驿站

到站了，休息，休息！

亲爱的小读者，我们追随着雷锋一路走来，此刻，雷锋，以及千千万万个“活雷锋”的形象一定在你脑海中挥之不去。他们并没有做出惊天动地的伟业，可是，他们却用平凡抒写伟大，用点点滴滴见证精神的崇高，他们，永远是我们学习的榜样。

学雷锋，在行动，其实我们每个人都可以在自己平凡的岗位上，留下闪光的足迹。

让我们紧跟雷锋一路前行，昨天、今天、明天，踏着他的足迹，大踏步地走向未来……

第二站

“三八”，芬芳的节日

“三八”是花开的日子，每个女人都美丽而芬芳。

“三八”是伟大的日子，每个女人都翻身得解放。

亲爱的小读者，你了解“三八妇女节”的来历吗？它是天下所有妇女的节日。

妈妈是世界上最伟大的女性，她给了我们生命。孩子，在每年的3月8日，你向妈妈表达过最美好的祝福吗？作为一个国际性的节日，你知道世界各国的人们是怎样庆祝这个节日的吗？快快行动起来，尽情享受文字海洋中的有趣故事吧！

历史回放

妇女节的来历

三八妇女节又称国际劳动妇女节，全称是"联合国妇女权益和国际和平日"，是世界各国妇女争取和平、平等、发展的节日。

设立国际妇女节的提议最早产生于20世纪初，当时西方国家正处在快速工业化和经济扩张阶段，工人罢（bà）工运动此起彼伏。

1857年3月8日，美国纽约的制衣女工和纺织女工走上街头，抗议恶劣（è liè）的工作条件和低廉（lián）的工作报酬（chóu）。两年后，又是在3月，这些妇女组织了第一个工会。

此后，几乎每年3月8日都有类似的抗议游行活动。其中最引人注目的是1908年那次，当时有将近15000名妇女走上美国纽约街头，要求缩短工作时间，增加工资和享有选举权等，并且喊出了象征经济保障和生活质量的"面包加玫瑰"的口号。

1909年3月8日，美国伊利诺伊州芝加哥市的女工和全国纺织、服装业的工人举行规模巨大的罢工和示威游行，要求增加工资、实行8小时工作制和获得选举权。这是历史上劳动妇女第一次有组织的群众斗争，斗争得到全国乃至世界其他国家妇女群众的广泛同情和热烈响应，最后取得了胜利。

1910年8月，在丹麦首都哥本哈根召开了国际社会主义者第二次妇女代表大会。领导这次会议的德国著名社会主义革命家克拉拉·蔡特金倡议，以每年的3月8日作为全世界妇女的斗争日，得到与会代

小知识

罢工：为迫使雇主答应所提要求或为达到其他目的而暂时停止工作。

工会组织：是劳动者利益的代表，在现代各种社会组织中，工会是由劳动者组成的特殊的社会组织。

示威：指有所抗议或要求而进行的显示自身力量和意志的集体行动。

选举权：不是宪法"认可"的权利，而是人民通过宪法"创造"的权利，是与人民主权联系最密切的权利。

报酬：在这里指薪水，工作后所得到的物品或钱财。

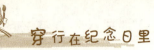

表的一致拥护。从此以后，三八妇女节就成为世界妇女争取权利、争取解放的节日。

1911年的3月8日为第一个国际劳动妇女节。中国第一次举行三八妇女节纪念活动是在1924年。在中国共产党的领导下，广州劳动妇女举行纪念会和游行。新中国成立之后，中央人民政府政务院于1949年12月通令全国，定3月8日为妇女节。

联合国从1975年开始庆祝国际妇女节，确认普通妇女争取平等参与社会的传统。1977年，第32届联合国大会正式决定把3月8日作为“联合国妇女权益和国际和平日”。

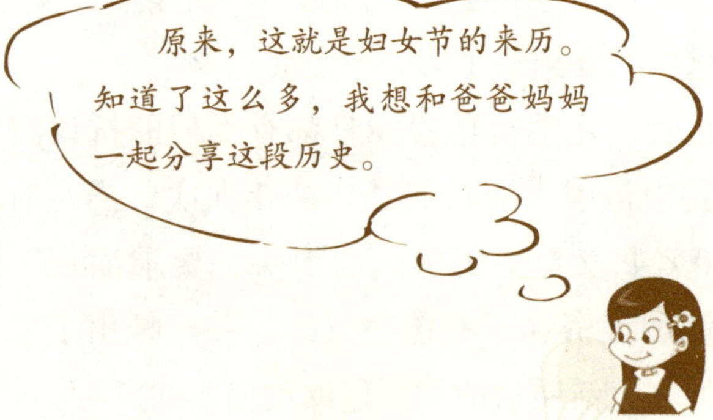
原来，这就是妇女节的来历。知道了这么多，我想和爸爸妈妈一起分享这段历史。

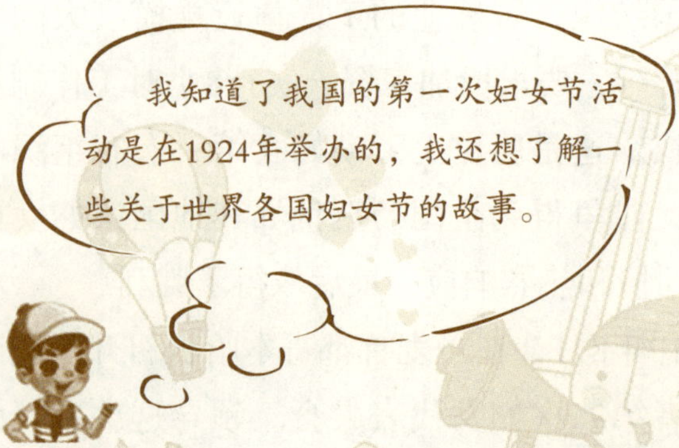
我知道了我国的第一次妇女节活动是在1924年举办的，我还想了解一些关于世界各国妇女节的故事。

小知识

联合国： 于1945年成立的一个庞大的国际组织，总部在纽约，下设许多分支组织。其主要宗旨是维护国际和平与安全，发展国际的友好关系，促进经济文化等方面的国际合作。

说一说

博博： 我知道了3月8日是全世界劳动妇女的节日，它的全称叫“国际劳动妇女节”，也是世界各国妇女争取和平、平等、发展的节日。

我也说说：

超链接

·婦人之笑·

1308

運動
健將

广州的报刊为妇女解放呐喊

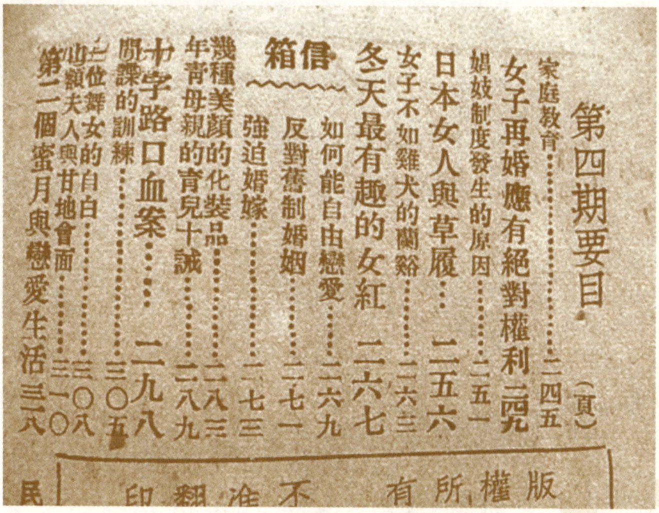

第四期要目 （頁）

民

广州杂志倡导妇女的权利

人物点击

屠呦呦 第一位获得诺贝尔科学奖项的中国本土科学家，这是中国医学界迄（qì）今为止获得的最高奖项，也是中医药成果获得的最高奖项。

她多年从事中药和中西药结合研究，突出贡献是创制新型抗疟（nüè）药青蒿（hāo）素和双氢（qīng）青蒿素。因为发现青蒿素——一种用于治疗疟疾的药物，挽救了全球特别是发展中国家的数百万人的生命，为促进人类健康和减少病患者做出了无法估量的贡献。她以百折不挠的精神在中华科技史上书写了一段传奇。

“作为一个科研工作者，获得诺贝尔奖是一项很大的荣誉。这是中国的骄傲，也是中国科学界的骄傲。”她在家中接受记者采访时说。这个荣誉标志着中医研究科学得到国际科学界的高度关注和认可。在屠呦呦手中，一株小草改变世界，中国之蒿由此走向世界。

郎　平 著名女子排球运动员、教练员。运动员时期凭借强劲而精确的扣杀而赢得“铁榔头”绰号。她是20世纪80年代世界女排“三大主攻手”之一。1984年获全国“三八红旗手”称号。1996年获得国际排联颁发的“世界最佳教练”奖。2002年

小知识

诺贝尔奖：是以瑞典著名化学家、硝化甘油炸药发明人诺贝尔的部分遗产作为基金创立的。授予世界各国在物理学、化学、生理学或医学、文学、和平及经济学领域对人类做出重大贡献的学者。

风云人物：在这里指言论或行动在社会生活中有很大影响的人。

说一说

博博：屠呦呦是中国科学界的骄傲，也是中国的骄傲。

文文：郎平也是中国人的骄傲！

我也说说：

10月，正式入选排球名人堂，成为亚洲排球运动员中获此殊荣的第一人。2013年4月25日，被任命为中国女排国家队主教练。2015年2月1日，获2014 CCTV体坛风云人物最佳教练奖。2015年率领中国女排夺得女排世界杯冠军，并直接晋级2016年里约奥运会。2016年8月21日，郎平带领女排战胜塞尔维亚队，赢得里约奥运会冠军。

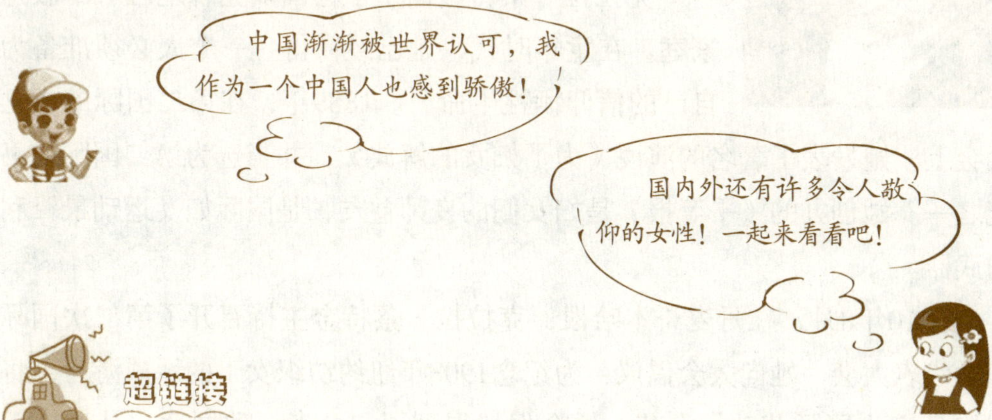
中国渐渐被世界认可，我作为一个中国人也感到骄傲！
国内外还有许多令人敬仰的女性！一起来看看吧！

超链接

女性诺贝尔科学奖获得者名单

1903年　玛丽亚·居里　波兰　物理学奖
1911年　玛丽亚·居里　波兰　化学奖
1947年　盖提·拉尼兹·考瑞　美国　生理学或医学奖
1964年　多萝西·霍奇金　英国　化学奖
1983年　巴巴拉·麦克林斯托克　美国　生理学或医学奖
1988年　格特鲁德·艾琳　美国　生理学或医学奖
1995年　克里斯丁·瓦哈德　德国　生理学或医学奖
2004年　琳达·巴克　美国　生理学或医学奖
2008年　弗朗索瓦丝·巴尔-西诺西　法国　生理学或医学奖
2009年　阿达·约纳特　以色列　化学奖
2009年　卡罗尔·格雷德　美国　化学奖
2014年　梅·布莱特　挪威　生理学或医学奖
2015年　屠呦呦　中国　生理学或医学奖

克拉拉·蔡特金 被誉为“国际妇女运动之母”。一百年来，“克拉拉·蔡特金”这个名字，一直同“三八国际妇女节”紧密联系在一起。作为这一节日的创始人，她毕生都在为全世界妇女的幸福和解放而奋斗。

克拉拉·蔡特金出生于德国萨克森地区一个教师家庭。在童年时代，她已经懂得“一个人必须准备为自己的信仰牺牲生命”。1889年，在第二国际的成立大会上，她发表了著名的演说《为了妇女的解放》，并当选为第二国际的书记之一。她创办的《平等报》是妇女们的良师益友，是国际妇女运动最锋利的武器。

1910年8月，在丹麦哥本哈根，克拉拉·蔡特金主持召开了第二次国际妇女代表大会。她向大会倡议：为纪念1908年纽约纺织女工的示威游行，将3月8日定为国际劳动妇女节。这个倡议得到了与会者一致同意，从这一天起，“三八节”成为全世界妇女共同的节日。

何香凝 中国国民党革命委员会主要创始人之一，中国女权运动的先驱之一。

她领导出版了《妇女之声》旬刊，举办妇女运动讲习所，设立女工学校，开展妇女运动，为妇女的解放而斗争。1924年3月8日，她提议召开的中国第一个公开纪念三八国际妇女节活动在广州举行，广州各界妇女2000多人参加。她主持大会并发表演讲，介绍了三八妇女节的由来及纪念它的意义，痛述了广大妇女在帝国主义、封建主义压迫下所遭受的种种苦难，鼓励妇女坚决地走“打倒封建主义，打倒帝国主义和妇女自求解放的道路”。庆祝大会结束后，她同与会者一起举行示威游行，组织演讲和散发传单，宣传会议精神，启发妇女觉悟。此后，广东妇女运动逐渐开展起来，越来越多的妇女投身到妇女解放和国民革命的洪流中。

居里夫人　著名的女物理学家和化学家，两度获得诺贝尔奖，与其丈夫共同发现了放射性元素镭（léi）。作为杰出科学家，居里夫人有一般科学家所没有的社会影响。尤其因为是成功女性的先驱，她的典范激励了很多人。

美国传记女作家苏珊·昆花了七年时间，收集包括居里家庭成员和朋友的没有公开的日记和传记资料，出版了《玛丽亚·居里：她的一生》一书，为她艰苦、辛酸和奋斗的生命历程描绘了一幅详细和深入的图像。在世界科学史上，玛丽亚·居里是一个永远不朽的名字。这位伟大的女科学家，以自己的勤奋和天赋（fù），在物理学和化学领域都做出了杰出的贡献，并因此而成为唯一一位在两个不同学科领域、两次获得诺贝尔奖的著名科学家。

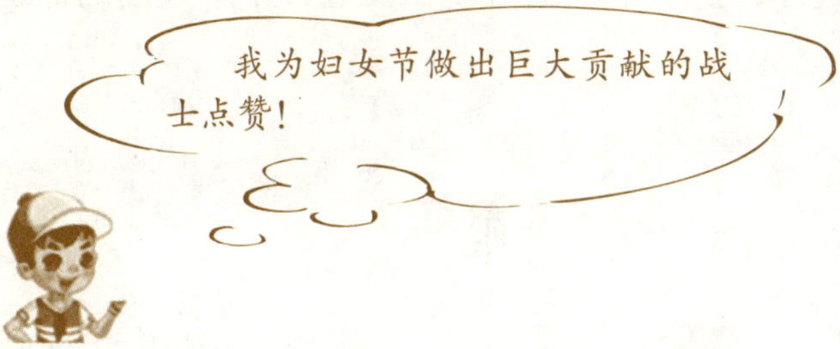
我为妇女节做出巨大贡献的战士点赞！

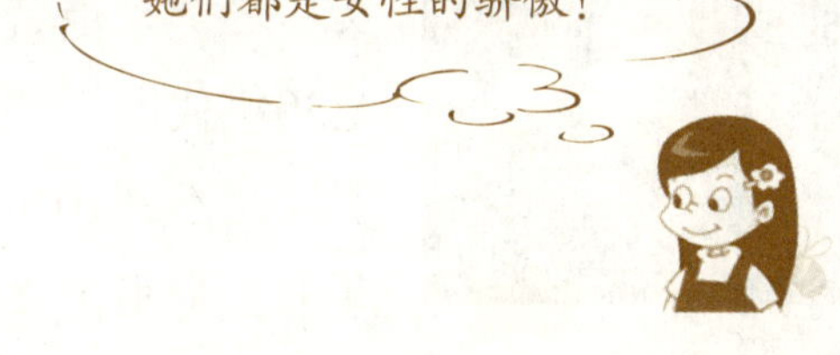
她们都是女性的骄傲！

小知识

信仰：是对某种主张、主义、宗教或某人极其相信和尊敬，拿来作为自己行动的指南或榜样。

良师益友：使人得到教育和帮助的好老师和好朋友。

先驱：指在思想上和行为上走在前端的人。

压迫：用权势强制别人服从。

典范：可以作为学习、仿效标准的人或事物。

说一说

亲爱的小读者，读了五位女性的故事，你想说点什么呢？

我也说说：

小知识

长篇小说：小说的一种样式。是篇幅长，容量大，情节复杂，人物众多，结构宏伟的一类小说。适于表现广阔的社会生活和人物的成长历程，并能反映某一时代的重大事件和历史面貌。一般在10万字以上，在篇章结构上，一般根据故事情节的发展，分成许多章节；篇幅特别长的，还可以分为若干卷或部、集等。

塑造：用语言文字等艺术手段描写人物形象。

醇美：纯粹完美。

轨迹：这里是比喻人生的经历。

经典呈现

《女人百年》

女人百年

《女人百年》是一部反映现当代中国女性百年奋斗历史的长篇小说。全书分为《云》《竹》《槐》三部，共56万字。展示了近百年来中国劳动妇女从农村走向城市、从家庭走向社会、从底层走向高端、从求生存走向建功立业的奋斗历程。

小说中塑造的祖母蔡云仙、母亲唐秀华、女儿方洁这三个女主人公形象，分别是旧社会山区女农民、解放后的城市女工人、新时代知识女性的典型代表，凸显了中国劳动妇女穿越“苦难极地”的生命张力和醇美人性，折射了中国劳动妇女近百年来共同的命运轨迹。

《萧红》

萧红，中国近现代女作家，“民国四大才女”之一，被誉为“20世纪30年代的文学洛神”。萧红在不到10年的创作生涯中，为祖国文学宝库留下了近百万字的作品，这些作品深受广大读者的喜

爱，具有广泛而深远的影响。

影片《萧红》完整真实地展现了萧红坎坷、短暂而又颠沛流离的人生历程，反映了旧时代对女性的残酷压迫、扭曲，赞扬了主人公对爱情、对新生活的美好追求，以及她关注现实、关注民生的创作态度和敢于突破传统文学模式的创作精神。

《花木兰》

这是一部根据民间传说的花木兰的故事改编的古装战争情感电影。北魏，有个小女孩叫花木兰，与父亲花弧相依为命。从小受父亲影响偷练武功，私学阵法，武艺高强。

在男权当道的中国古代，权力是男人的，战争是男人的，女人也只是在男性庇护下才能生存的群体。就是在这样一个社会，花木兰的故事代代相传，成为女性"忠孝两全"的典范。代父从军，保家卫国，花木兰承担了本来只有"儿子"才能肩负的责任，也成就了七尺男儿都很难完成的伟业。这样的花木兰既粉碎了"女子不如男"的性别禁忌，也当之无愧地成为古今妇女敬奉的"女神"。

陈坤
赵薇
胡军
李玟哲
徐娇
VITAS

说一说

博博：《女人百年》讲的就是祖母、母亲和女儿的故事。我还知道这本书已经改编成电视剧本，已有多家文化传播公司有意向进行拍摄。

文文：电影《萧红》中的人物萧红是著名作家，她的《祖父的园子》一文收录在人教版小学语文教材中。

我也说说：

三八妇女节节歌

词：塞克
曲：冼星海

冰河在春天里解冻，
万物在春天里复生；
全世界被压迫的妇女，
在“三八”喊出了自由的吼声！
从此我们一起打破毁人的牢笼。

苦难使我们变得更坚定，
旧日的闺秀变成新时代的英雄。
我们像火花，像炸药，
像天空的太阳一样的光明。

武装起头脑，武装起身体，
勇敢地把自己投入民族解放的斗争里。
全世界被压迫的妇女，
在“三八”喊出自由的吼声！
从此我们永远打破毁人的牢笼。

超链接

1940年延安举行十几万群众参加的纪念国际妇女节大会时，与会者肃然起立，高唱《国际歌》和《三八妇女节节歌》。这首当年万众一声、引吭（háng）高歌的《三八妇女节节歌》，原本是1939年2月延安纪念三八妇女节的《三八歌舞活报》主题歌，由塞克作词，冼星海作曲。

《三八妇女节节歌》是一首抒情式与战斗式相结合的歌曲，是重叠式的进行曲，曲调轻快。歌词从自然景色的新变化开头，进而强调社会生活出现的新事物。歌词的最后指出了妇女解放的道路。凝练的歌词表达了全世界妇女要求自由解放的强烈愿望和坚定信念，反映了她们脚踏实地、全面武装自己，积极加入解放斗争的壮烈豪情。

了解了这么多影视、文学、歌曲作品，我很庆幸我们能生活在这样一个和平、平等的时代，我一定要懂得珍惜。我要赶快为自己挑选一部作品去欣赏！

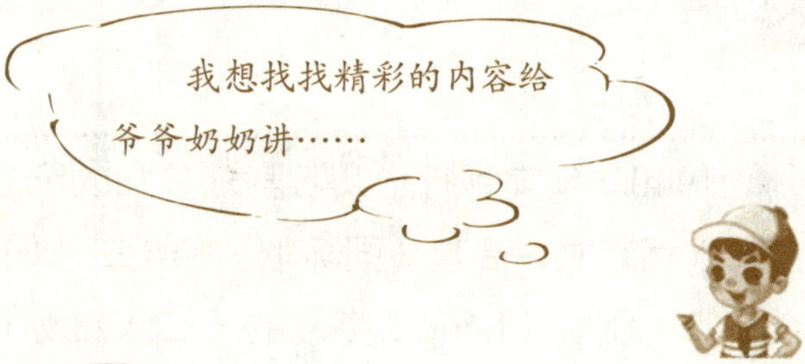
我想找找精彩的内容给爷爷奶奶讲……

我想……

活动集锦

8. MARCH - INTERNATIONAL
WOMEN'S DAY

三八国际妇女节是全世界妇女的节日，是各国妇女争取和平、平等、发展的节日，也是庆祝各国妇女在经济、政治和社会等领域做出贡献和取得成就的节日。这个日子是联合国承认的，同时也被很多国家确定为法定假日。来自五湖四海的妇女们，尽管被不同的国界、种族、语言、文化、经济和政治所区分，但在这一天都能够同时庆祝属于自己的节日。

在中国，“三八节”是妇女的法定节假日，妇女会放假半天。全国妇女联合会开展“全国三八红旗手”“全国三八红旗集体”等评选活动，表彰中国妇女做出的业绩。在这个特殊的节日里，男士学会做女士的“配角”，为她们欢呼，为她们加油，分享她们的快乐。社会各界也会纷纷组织各种庆祝活动，旨在提高女性在社会中的地位，关爱女性。活动形式多样，如举办联欢会座谈会，开展文娱活动，宣传法律，为女性送祝福、送礼物……

湖南衡阳：醉美衡阳 最美故事

美衡阳 最美故事
——衡阳市“最美家庭”“最美湘女”“最美创业”故事分享会

2016年3月7日下午，湖南省衡阳市举行“最美家庭”“最美创业”“最美故事”分享会。历时一年时间精心组织开展的“寻找最美”活动，评选出了一批最美家庭、最美创业、最美湘女典型。通过分享这批优秀典型的最美故事，传播时代正能量，弘扬传统美德，传承良好家风，鼓励广大妇女群众崇美尚德，积极进取，争当最美。

福建厦门：美丽厦门 WOMEN同行

2016年3月6日上午，厦门市妇联组织全市1600名各界妇女代表，在美丽的环岛路举行“美丽厦门，WOMEN同行”2016年女性健步走活动，以低碳文明、亲近自然、快乐健身的方式，共同庆祝这个属于劳动妇女的节日。在当天的活动现场，11个企业和爱心人士向市妇女儿童发展基金会捐赠77万元善款，其中包括医疗救助款、助学款等，帮扶广大妇女儿童，帮助更多家庭摆脱困境，让更多困难儿童健康成长。

广东东莞：“三八”维权周　宣传《反家庭暴力法》

2016年3月6日，东莞市妇联在大岭山镇体育公园开展“三八”维权周法制宣传教育活动（大岭山专场），来自虎门、长安、大朗等镇100多户家庭参加活动。活动现场，主办方通过趣味游戏的游园活动，开展亲子普法宣传活动。通过趣味游戏增长普法知识。现场还有DIY手工区制作和提供免费的法律咨询服务。

陕西汉中：感恩长辈　关爱女性

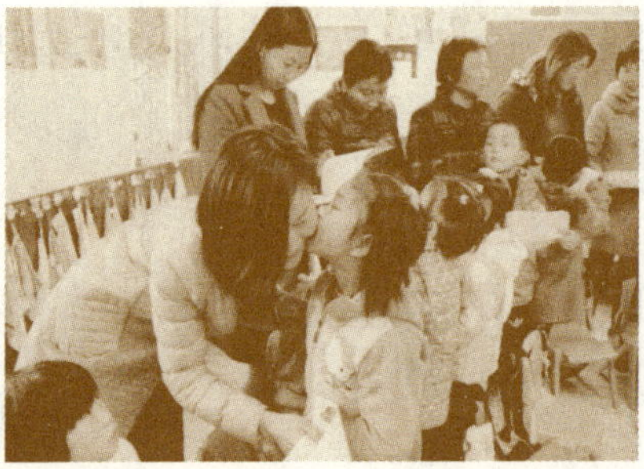

2016年3月8日，汉中市教育系统各中小学开展了丰富多彩的三八妇女节系列庆祝活动。有的学校利用校园广播、校园网，宣传孝敬长辈、感恩母亲、关爱女性的新风尚，引导学生通过开展给母亲说句悄悄话、帮助母亲做家务、给在外务工的母亲送上节日问候等活动，以实际行动给母亲献上最诚挚的节日祝福。

同学们，妇女节这天，你都做了哪些事情？

超链接

中国，纪念妇女节的邮票

新中国成立后，为了庆祝三八国际妇女节，我国从1947年3月8日起开始发行妇女节纪念邮票，至2010年3月8日已经发行7套。为庆祝三八妇女节50周年，我国发行了第三套纪念邮票，共四枚。第一枚为国际妇女运动领袖蔡特金肖像，她饱经沧桑的脸上充满温暖和慈祥，关注着全世界妇女解放和儿童保育。第二枚为“保卫母亲和儿童”，年轻的母亲、背篼里活泼的婴儿、胸前的和平鸽，象征只有和平，才有母亲和儿童的真正幸福。第三枚为“妇女参加建设”，图中女拖拉机手面带微笑，手握方向盘，迎面招展的小红旗，标志中国妇女发挥半边天的作用。第四枚为“世界妇女大团结”，图中不同肤色妇女形象，象征中国妇女和全世界妇女的紧密团结。

4
中国人民邮政
8
中国人民邮政
10
中国人民邮政
中国人民邮政
22

中国邮政于2010年3月8日发行了“三八”节100周年纪念邮票，共1枚。这套邮票图案整体色调为蓝色，将妇女头像、和平鸽、冬青、兰草等元素糅合在一起，象征和平、生命、平等、成长与希望。妇女节纪念邮票的设计，都是为了体现对女性的尊重，也见证着中国妇女的社会地位在不断提高。

1.20元
中国邮政
CHINA
“三八”国际劳动妇女节一百周年
2010-3

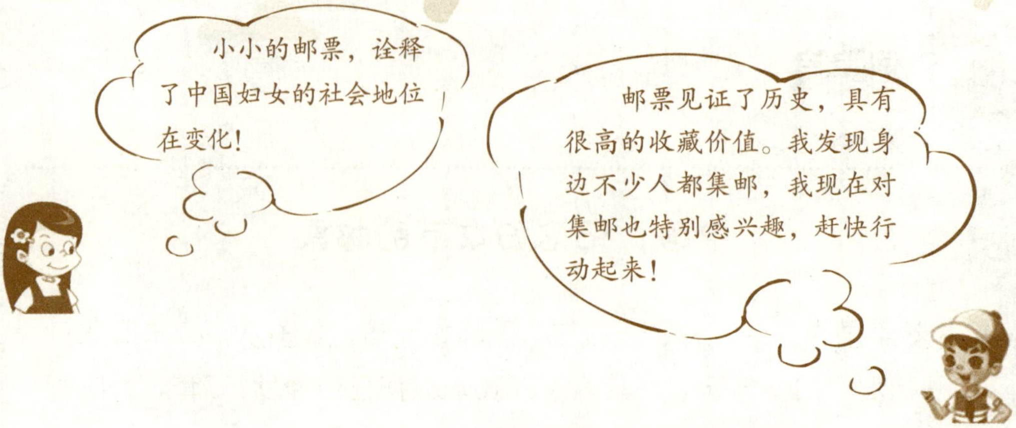
小小的邮票，诠释了中国妇女的社会地位在变化！
邮票见证了历史，具有很高的收藏价值。我发现身边不少人都集邮，我现在对集邮也特别感兴趣，赶快行动起来！

三八国际妇女节近十年主题盘点

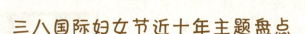

2006年国际妇女节主题是“妇女参与决策：迎接挑战，开创变革”。

2009年国际妇女节主题是“男女共同努力消除对妇女和女孩的暴力行为”。

2010年国际妇女节主题是“平等权利、平等机会、共同进步”。

2011年国际妇女节主题是“平等接受教育、培训和利用科技的权利：妇女通往体面工作之路”。

2012年国际妇女节主题是“赋予农村妇女权利：消除饥饿和贫穷”。

2013年国际妇女节主题是“信守承诺：立即采取行动，消除对妇女的暴力行为”。

2014 年国际妇女节主题是“妇女平等就是全人类的进步”。

2015年国际妇女节主题是“赋予妇女权利　赋予人类权利：用照片记录”。

2016年国际妇女节主题是“2030，男女共擎一片天：为了两性平等，向前一步”。

2017年国际妇女节主题是“职场瞬息万变，需赋权女性：到2030年，实现男女平等”。

意大利

在意大利，"三八"节送什么？为了庆祝这一天，男人会给女人送黄色的含羞草，无论年轻的还是年迈的女人，手里都会拿着。不少男人手上也捧着，准备送给老婆或者老妈，有人还会在路上免费发放。

黄色的含羞草是意大利的"女人花"。1946年战争结束后，意大利妇女联盟召开会议，提议应有一种花作为妇女节的象征，最后选择了含羞草。因为含羞草在节日期间一簇簇地绽放盛开，随风摇曳，有蓬勃发展之意，同时黄色代表活力、实力和喜悦，以此纪念为争取解放而献身的妇女，提醒妇女一定要为建立一个平等公正的世界而努力。

俄罗斯

俄罗斯人认为，三八妇女节可以是情人节，也可以是母亲节，更可以是儿童节。因此，在"三八"节，男女老少都能对号入座，都不会坐冷板凳。同时，俄罗斯人也把"三八"节理解成"开春"节，寓意是春天的开始。按俄罗斯人的习惯，男人在"三八"节前夕要主动向亲友中的女性致以节日的问候，还要给母亲、妻子、姐妹、女儿送上诸如香水、糖果，甚至金银首饰之类的礼物。每年"三八"节的前夕，俄罗斯都会出现一个消费的高潮。在这个节日里，俄罗斯女人可以做"甩手掌柜"，把家务活推给男人去做。

为了庆祝这个隆重的节日，2016年三八妇女节，俄罗斯更是连放四天假，总统就国际女人节向女性表示祝贺，并指出，女性带给世界善良、美丽、光明和希望。

Московский Транспорт
Единый
Дорогие женщины,
поздравляем Вас
с 8 Марта!

莫斯科地铁还于3月7日和8日两天发行50万张节日纪念票，并印上郁金香图案，配有祝福语："亲爱的女人们，祝您3月8日节日快乐！"

印　度

AIR INDIA

为庆祝2016年3月8日国际劳动妇女节，印度航空公司推出了“全女子航班”。这趟航班从印度首都新德里飞往美国旧金山，全部空乘人员和飞行员均为女性，挑战“世界最长的全女子直飞航班”吉尼斯世界纪录。

所谓“全女子航班”远不止这些，除机组人员外，整个航班的全部工作都由女性完成，包括办理值机手续、地面勤务和塔台管控工作等。

“全女子航班”对于印度来说意义非凡。这一航班是女性赋权的象征。这将鼓励女性走出她们的“舒适区”，在男性主导的领域获得成功。

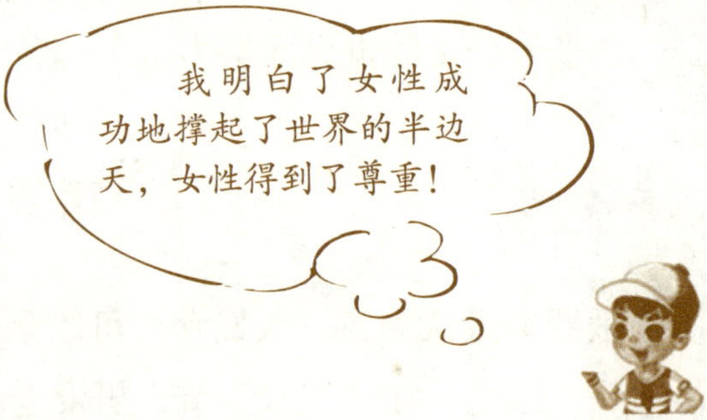
我明白了女性成功地撑起了世界的半边天，女性得到了尊重！

超链接

“三八”妇女节，是全世界妇女共同的节日。不过世界上并非只有3月8日这一天才是妇女的节日，有不少国家和民族有自己独特的妇女节日。

瑞士“妇女掌权日”　20世纪，瑞士妇女地位渐渐得以提高，但无论是政治地位、社会地位还是经济地位，仍落后于大多数西方国家。

为了在社会中树立男女平等的观念，瑞士联邦政府设立了特殊的妇女掌权日。根据规定，每年1月的前四天，都是瑞士的“妇女掌权日”。在为期4天的节日中，家里大小事务全由妇女说了算，男人统统“歇菜”。

英国"妇女求爱日" 每逢闰年的2月29日这天，英国妇女可以摆脱世俗的清规戒律，大胆向意中人或未拿定主意的情人示爱。早在1288年，苏格兰的玛格丽特女王就颁布法令，宣布闰年的2月29日为"妇女权利日"，女人可以向男人求婚，并对无拘无束地追逐女性的男人实行罚款。

日本"女孩节" 每年的3月3日是日本传统的"女孩节"，又称"姑娘节"。这时正值红桃报春，是女性美的象征，所以也叫"桃花节"。这天，凡是有女孩子的家庭都会在客厅里设置一个阶梯状的偶人架，在上面摆放各种穿着日本和服的小偶人，以庆祝女孩健康成长。

德国"妇女狂欢节" 每年的10月10日至15日，是德国莱茵地区的"妇女狂欢节"。在此期间，妇女"大自由"，男人们不得查探妇女活动的内容，违者会被抓问罪。

希腊"主妇休息日" 12月31日到第二天中午是希腊的"主妇休息日"，妇女在家不干活，一切家务全由男人承担。

我想说，妇女应该有自由的人权，男人和女人都应该平等！
小读者，世界各国妇女节庆祝方式各不相同，赶快说说，你对哪个国家的妇女节最感兴趣？
我觉得不同国家的庆祝方式都很特别，有时间可以去亲自领略一番……

我的摘录

我的收获

我的创意设计

小读者，我想你们已经迫不及待地想用自己的方式设计一个有趣的妇女节！相信，有想法的人一定会设计出意想不到的作品！还等什么，行动吧！

心灵驿站

到站了，休息，休息！

一支歌无法囊（náng）括世间所有女人的美丽，一首诗不论多美的文字也抒发不尽女人的情怀。

新时代的新女性，靠自己的双手创造着未来和希望，把青春和热血献给了我们慈爱的祖国，正因为女人从未像今天这样自立、自强、自信、自尊，也从未像今天这样不辜（gū）负"女人"的名称并赋予这个名称以无上的荣光，所以，女人从来没有像今天这样美丽动人。

三月的女人，如春风般和煦，如春花般灿烂，仿佛盛开的玫瑰，在春天苏醒的大地上放飞希望；如同一道明媚的风景线，为世界增添靓丽的色彩。

让我们为三月的女人喝彩，为三月的女人高歌，为新时代的女性热情鼓掌！

第三站

三月，绿色的希望

三月，暖风习习春日和煦。在这万物复苏、百花绽放的季节里，我们又迎来了一年一度的植树节。每当这一天到来时，人们都会扛着小树苗、拿着铁锹、提着水桶去山坡、原野上种植，播撒绿色的希望，拥抱美好的未来。

亲爱的小读者，你想知道植树节的由来和意义吗？你想知道有关植树节的故事以及世界各国的植树活动吗？相信大家读了这一站的内容一定能找到满意的答案。让我们一起走进充满绿色、充满希望的三月，感受热烈而又快乐的劳动场面吧！

历史回放

中国植树节的来历

小读者，在记忆的长河里，不知道我们度过了多少个植树节，每到3月12日这天，大家总会挥汗如雨地植树造林。那么你们知道中国植树节的由来以及意义吗？下面就让我们一起来回顾历史。

我国的植树节，因时代的演变，先后做了三次改动。

1893年，孙中山亲自起草了著名的政治文献《上李鸿章书》，并提出：中国欲强，须急兴农学，讲究树艺。辛亥革命以后，他提出了在中国北部和中部大规模进行植树造林的计划，规划着农业现代化的远景。1924年，他在广州的一次讲演中强调："我们研究到防止水灾和旱灾的根本方法都是要造森林，要在全国大规模地造森林。"

1915年，在孙中山的倡议下，当时的北洋政府正式公布每年清明节为植树节。1925年3月12日孙中山逝世，为了纪念这位最早倡导植树造林的伟人，缅（miǎn）怀他的丰功伟绩，国民政府又把植树节改为每年的3月12日。

1979年，在邓小平提议下，第五届全国人大常委会第六次会议决定每年3月12日为我国的植树节，以纪念一贯倡导植树造林的孙中山先生。这项决议的意义在于动员全国各族人民积极植树造林，加快绿化祖国和各项林业建设的步伐。因此，每年植树节到来时，我国许多省市的行政机构、学校等都会组织成员开展植树造林活动。

植树造林，让我们一起行动吧！

小知识

倡议：率先提议，带头提倡。

缅怀：深情地怀念。

万物复苏：宇宙间的一切事物都恢复了往日的生机。

说一说

小读者，阅读了上面的文章，你知道植树节有什么意义吗？和你的伙伴们说一说。

我也说说：

我知道了将3月12日作为“中国植树节”是纪念孙中山。我还想了解其他国家的植树节。

植树节并不是只有中国才有的，世界上还有很多国家为激发人们爱林、造林的感情，促进国土绿化，保护人类赖以生存的生态环境，根据本国实际情况设立了植树节。

超链接

世界上的植树节

据联合国统计，现在世界上已有50多个国家设立了植树节。由于世界各地的气候条件迥（jiǒng）异，各国与各地区规定的植树节的称呼和时间也不相同。如：

瑞典：每年3月举行森林周活动。

日本：每年春季开展植树节和绿化周等活动。

法国：每年3月为法定的绿化月，3月31日为植树日。

墨西哥：每年6至9月的雨季为植树节。

印度：每年7月第一周为植树节。

美国：各州都有植树节，但由于各地气候差异，全国无统一日期。

菲律宾：每年9月第二个星期六为植树节。

巴西：每年9月21日为植树节。

泰国：把国庆节（12月5日）定为植树节。

哥伦比亚：每年10月12日为植树节。

英国：每年11月6日至12日为全国植树周。

意大利：每年11月21日为植树节。

人物点击

孙中山护树的故事

孙中山是我国民主革命的先行者，也是我国近代史上最早意识到森林的重要意义并倡导植树造林者。

他一生跟植树造林有不解之缘。六岁时就参加了农业劳动，所以对“树艺牧畜”耳濡目染，十分熟悉。青年时，他坚决反对“只有斩伐而不知种树”的做法。在其游学之余，还兼涉树艺，利用假期，在家乡进行种植桑树的试验，并从檀香山携回酸豆树种籽，种于家乡故居，直到他创立兴中会时，还提出过在中国北部和中部大规模进行植树造林的计划。

1924年9月，小住韶关时，有一天，他偕同夫人到南华寺参观，喜睹寺庙雄伟，树木葱绿，心中无比喜悦。但当他看见一些僧人砍伐林木时，高兴的情绪一下子就消失了。待他询问后，才知道是因为战乱未息，寺庙里的僧人生活困难，只好伐木作薪。孙中山听说后，立即命令随从拿出100元送给寺僧，劝勉他们不要再砍伐树木，以福荫（yìn）后代。寺僧听后深为感动，表示今后决不砍伐寺内树木。这样就保住了南华寺的大片林木。

小知识

不解之缘：指不可解散的缘分，难以分开的缘分，比喻不能解脱的联系或关系。

耳濡目染：耳朵经常听到，不知不觉地受到影响。

斩伐：砍伐。

兴中会：是近代中国第一个革命团体，由孙中山领导。1894年11月24日成立于美国檀香山。宗旨是“驱除鞑虏，恢复中华，创立合众政府”。

偕同：跟别人一起(做某事或到某处去)，不同于协同，没有协助的意思。

劝勉：劝导勉励。

福荫：福气所能笼罩的地方或范围。

小知识

春意盎然：形容春天的气氛很浓。春意：春天的气象。盎然：丰满、浓厚的样子。

说一说

博博：邓小平爷爷是全民植树的倡导者和带头人，更是义务植树的积极实践者。

文文：我还想了解更多的植树名人。

我也说说：

邓爷爷植树的故事

春天，是植树的季节；3月12日，是植树的好日子。当又一个春天来到时，当又一个植树节到来时，我们不要忘了邓小平爷爷在参加植树活动时说过的那句话："植树造林，绿化祖国，是建设社会主义、造福子孙后代的伟大事业，要坚持20年，坚持100年，坚持1000年，要一代一代永远干下去！"

邓爷爷是全民义务植树的倡导者和带头人，更是义务植树的积极实践者。1982年3月12日这一天，春意盎然，风和日丽，迷人的北京西山脚下，迎来了一批又一批肩扛铁锹（qiāo）、手提水桶的义务植树人员。78岁高龄的邓爷爷带领着他的家人，扛着小树苗兴致勃勃地前来植树。

邓爷爷对他们说："今年植树，我们每人至少要栽三棵树，一定要包栽包活。" 他和大家一起拿着铁锹，种下一棵棵翠绿的树苗，还和少先队员们一起给树苗浇水。尽管他已近80岁的高龄，但是，他精神饱满，干劲十足。当旁边的人劝他休息一下时，他连连说："不累，不累。"而且还高兴地一再表示："一人栽三到五棵，我们一定要完成任务。"

之后，每年的植树节，邓爷爷都要主动参加义务植树劳动。北京的西山、天坛、景山、亚运村，以及厦门、深圳，许多地方都留下了邓爷爷的汗水，邓爷爷当年亲手栽下的树苗，现在已长成了青葱翠绿的大树。

“植树将军”冯玉祥

冯玉祥曾被群众尊为“植树将军”。他爱树如命，写诗护树。行军打仗时，他劝诫士兵，不许践踏树木，还在军中立下护树军令：“马啃一树，杖责二十，补栽十株。”他驻（zhù）兵徐州时，除抓练兵，还带兵种植大量树木，并写了一首护林诗喻示军民：“老冯驻徐州，大树绿油油；谁砍我的树，我砍谁的头。”抗日战争胜利后，他为反内战而避居美国，曾打电报回乡，要求父老乡亲多植树，并作《森林》诗一首：“森林密层层，独自慢慢行；红叶和绿叶，天然画图成。”

冯玉祥植树、护树的精神打动了人们，后来被人们尊称为“植树将军”。

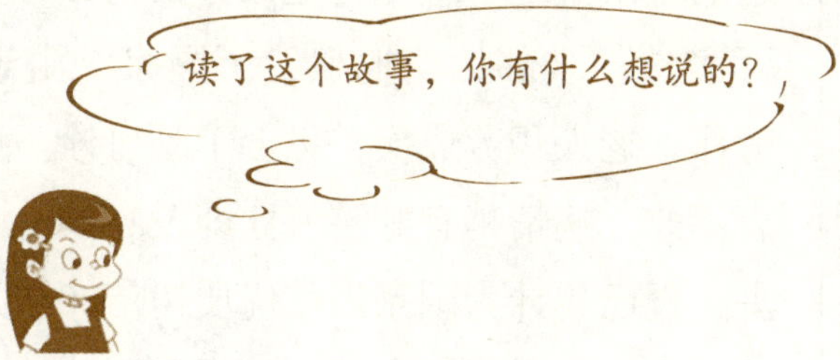
读了这个故事，你有什么想说的？

感动中国的义务植树者

杨善洲　云南施甸人。2011年全国道德模范候选人，2011年感动中国十大人物获奖者。1988年退休后，为了兑现自己当初“为当地群众做一点实事不要任何报酬”的承诺，他主动放弃进省城安享晚年的机会，一头扎进荒草丛生的大亮山。自那以后，他与林场职工同吃同住，每天从早忙到晚，雨季植树造林，旱季巡山防火，一干就是22个春秋，带领大家植树造林5.6万亩，林场林木覆盖率达97%以上。2010年5月5日，杨善洲老人把保山市委、市政府为他颁发的20万元特别贡献奖中的10万元捐赠给保山第一中学，另外10万元捐赠给大亮山林场。由于成绩辉煌，他曾获得“全国绿化十大标兵”“全国绿化奖章”“全国老有所为先进个人”等众多荣誉，被誉为“活着的孔繁森”。

赵希海　中共党员，吉林省红石林业局退休工人。1989年退休后，他把对大山的愧疚、对生态和环境的担忧化作一种动力，怀着“让青山披绿，让绿树成荫”的心愿，一个人忍受着山林的寂寞，走上了义务植树之路。他在林场周边的荒山荒地、林间空地义务植树18万多株，成活11万多株，全部无偿地献给了国家。由于多年超负荷劳作，老人积劳成疾，患上了脑血栓。病中的老人初衷不改，病情稍有好转就立即投身到苗木培育工作中去，现已累计为国家捐献优质树苗80余万株。赵希海的感人事迹引起了全社会的强烈反响，2006年他被评为“感动吉林十大人物”，2007年被评为“中国绿色年度”人物，2014被评为“中国生态英雄”。

随着时间的流逝，劳累了近一生的赵希海老人，身体已经大不如从前，但他仍旧怀着绿色梦，在大山深处默默奉献，让我们为老人点赞！

马培仁　甘肃祁连山国家级自然保护区东大河自然保护站的一名普通护林员。1979年，年仅17岁的他成为一名林业工人，凭借对理想的追求和对林

小知识

孔繁森：优秀共产党员，焦裕禄式的好干部、时代先锋、领导干部的楷模、我们学习的好榜样。

愧疚：感觉对不起他人，很惭愧，很内疚。

说一说

博博：从这些文章中，我能清晰地感受到故事里的人物不仅是在栽树，而且是在精心地描绘美好的未来。

文文：我们应该用怎样的行动来描绘我们的未来呢？

我也说说：

业事业的热爱，他几十年如一日，勤勤恳恳地埋头苦干，用脚“丈量”深山林海，用责任守护一方绿荫，把爱心奉献给了东大河自然保护站每一寸土地和每一片树林。近40年来，金昌护林员马培仁用青春和热血坚守着镍（niè）都的“绿色生命线”。2015年1月，马培仁荣登“中国好人榜”。

超链接

百岁老人植树的故事

小读者，你知道“百岁树翁”指的是谁吗？他就是义务种树60年的106岁世纪老人——代喜增。

60年以来，老人亲手栽下的树一茬又一茬，累计百万余棵、40多公顷。除了自家的 5700多棵果树外，其余的全都献给了国家。老人时常叮嘱后辈：“给国家种点树，这样盖住了土，保住了水，咱们也能过上安生日子。”十年树木，百年树人；功在当代，利在千秋。老人没有喊出这样的口号，但他却用60年一如既往的执着，诠释了这句话最深刻的含义。

他为青山披绿，感动了大架山村的村民，每年春天，他们也会在种地之余拿上锹镐，上山种树。如今的大架山，已是青山绿水，粮果满仓。

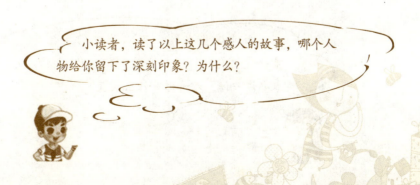

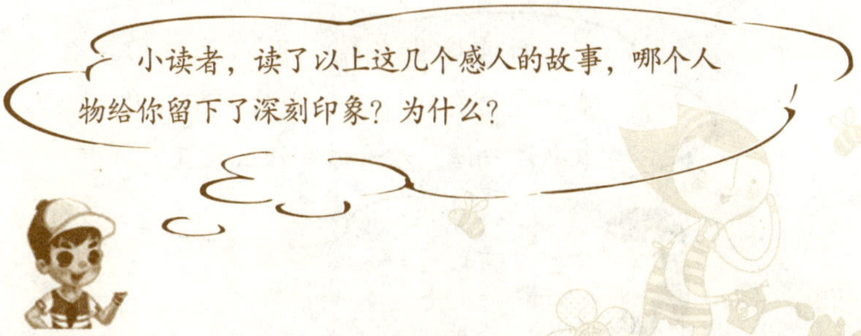
小读者，读了以上这几个感人的故事，哪个人物给你留下了深刻印象？为什么？

经典呈现

《树木和森林》

树木和森林

在这本书中，生物学家汉内罗·吉尔森巴赫博士向我们讲述了树木对人类的作用。树木美化了我们的地球，森林的多样化使我们感到惊奇。但是人类的过度采伐和日益严重的空气污染，使森林正在不断减少，动物失去了生存的空间，也严重威胁到了人类的生存。读了这本书，你会有绿化环境的意识，更会知道阔叶树为什么在秋天的时候会落叶，树木与动物有什么关系，怎么栽种树苗才算正确……这些答案都可以在这本书中找到。小读者，让我们轻松愉快地翱翔在阅读世界里吧！

《我们的森林》

我们的
森林

这是台湾生态绘本作家邱承宗结合“自然生态”“环境、科学教育”的知识，首创的“生态无字书”。2013年8月，该书获台湾地区环保署绿芽奖。作者在这本书中运用电影镜头的方式，从大冠（guān）鹫（jiù）的视角出发，由森林的变化延伸至整个社会环境的变化，告诫人们：保护环境，就是保护我们自己！

阅读这些书籍，可以让我们学会尊重、爱惜自然环境。小伙伴们，你也挑几本书读一读，看看你有什么收获？

超链接

特种邮票

中国人民邮政
植树造林 绿化祖国

为纪念植树节的成果，中国邮政两次发行植树造林绿化祖国专题邮票。1980年3月12日，即我国第一个植树节，原邮电部发行《植树造林，绿化祖国》特种邮票，全套4枚：第一枚“经济林”，面值4分；第二枚“四旁绿化”，面值8分；第三枚“飞播造林”，面值10分；第四枚“厂矿绿化”，面值20分。

1990年3月12日，即我国第十一个植树节，原邮电部发行《绿化祖国》特种邮票，全套4枚：第一枚“全民义务植树”，面值8分；第二枚“城市绿化美化”，面值10分；第三枚“建设绿色长城”，面值20分；第四枚“林茂粮丰”，面值30分。两套植树造林邮票，图案都以不同层次的绿色为基调，清新淡雅的画面，将人们从喧嚣（xuān xiāo）的世界中带入一个绿色、静谧（mì）的世界，令人赏心悦目，心旷神怡。

20°
8°
30°
10°
中国人民邮政
中国人民邮政
中国人民邮政
中国人民邮政

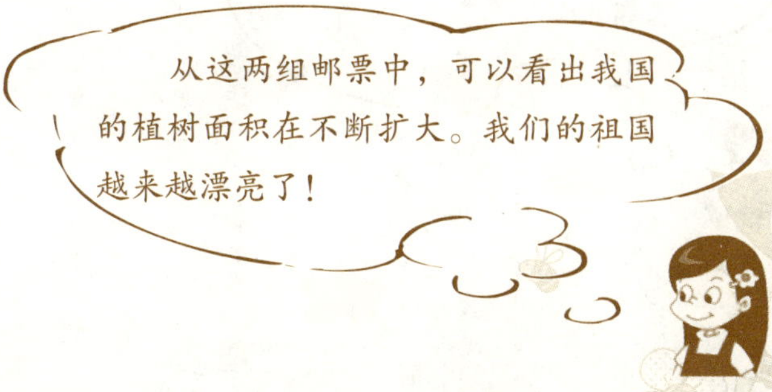
从这两组邮票中，可以看出我国的植树面积在不断扩大。我们的祖国越来越漂亮了！

小读者，你们喜欢春天吗？喜欢植树节吗？想不想用歌唱的方式，描绘快乐的植树场景呢？让我们先来了解这首歌吧！

植树歌

张文纲曲
管　桦词

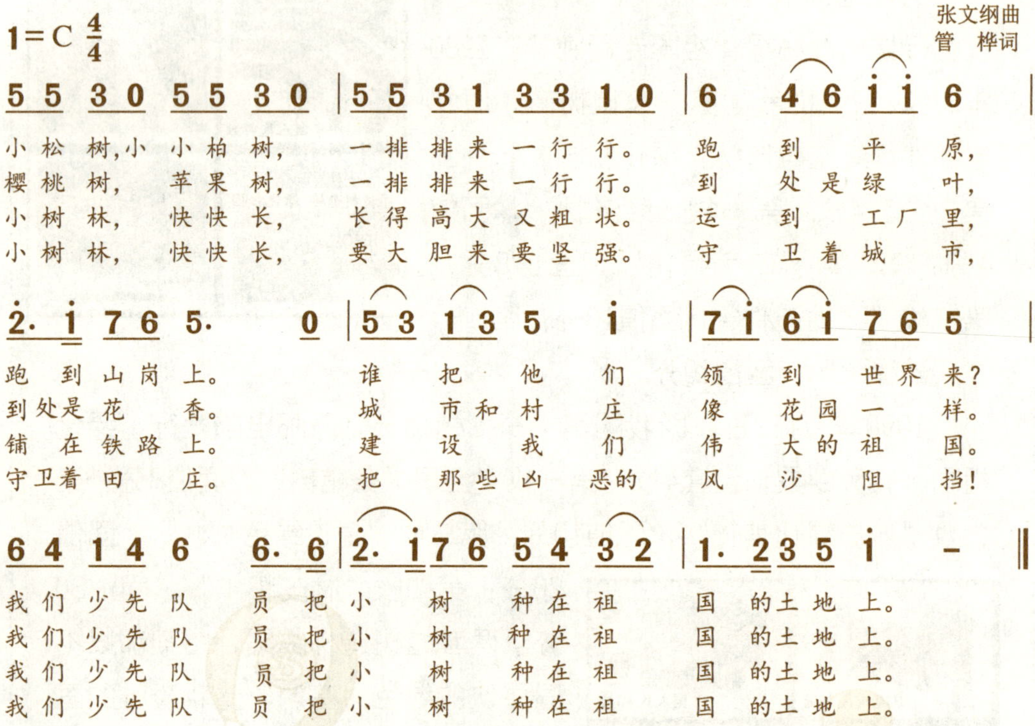
1=C 4/4
小松树，小小柏树，一排排来一行行。跑到平原，跑到山岗上。谁把他们领到世界来？我们少先队员把小树种在祖国的土地上。
樱桃树，苹果树，一排排来一行行。到处是绿叶，到处是花香。城市和村庄像花园一样。我们少先队员把小树种在祖国的土地上。
小树林，快快长，长得高大又粗状。运到工厂里，铺在铁路上。建设我们伟大的祖国。我们少先队员把小树种在祖国的土地上。
小树林，快快长，要大胆来要坚强。守卫着城市，守卫着田庄。把那些凶恶的风沙阻挡！我们少先队员把小树种在祖国的土地上。

今年植树节，我要唱着歌儿种下一颗树。哈哈，想想都开心！

超链接

《植树歌》是一首欢快的儿童歌曲，旋律起伏流畅，歌词天真，富有童趣，歌曲表现了小朋友们植树的愉悦心情，以及盼望小树成才的愿望，抒发了小朋友们热爱大自然的真挚情感。

哇，这首歌好欢快呀！我也要唱一唱！

我还知道田震演唱的《好大一棵树》、毛阿敏演唱的《绿叶对根的情意》、苏小明演唱的《美丽的小树林》等，都是有关树的歌曲，我也要听一听，唱一唱。

学无止境，读了这些资料，我还想了解更多有关植树节的影视、文学、绘画作品……

小知识

关于树的成语

拔树寻根——比喻追究到底。

火树银花——火树：火红的树，指树上挂满灯彩。银花：银白色的花，指灯光雪亮。形容张灯结彩或大放焰火的灿烂夜景。

枯树生花——枯树开起花来。比喻在绝境中又找到了生路。

琼林玉树——琼：美玉。泛指精美华丽的陈设。

铁树开花——比喻事情非常罕见或极难实现。

前人栽树，后人乘凉——比喻前人做的劳动，后人来享受。

十年树木，百年树人——树：培植，培养。比喻培养人才是长久之计；也表示培养人才很不容易。

只见树木，不见森林——比喻只看到局部，看不到整体或全部；或比喻眼光短浅。

活动集锦

植树造林是每位公民的义务。为了激发人们爱林造林的热情，提高人们对森林保护的认识，促进国土绿化，达到扩大森林资源、改善生态环境的目的。每年3月12日,全国各地都会开展绿色行动。瞧，人们已经拿着铁锹、提着水桶、扛着树苗沉浸在热火朝天的植树活动中了！小读者们，让我们随着博博、文文一起走进如火如荼的植树活动吧。

校园绿色行动

早春三月，草长莺飞间，冬天的寒意还未褪尽，春天就带着绿色的气息向我们走来，春风吹绿了枝头上的嫩芽，吹绿了地上的小草，也吹燃了我们植树护林的热情。为增强我们义务植树的意识和爱护花木、珍惜绿色的责任心，每年的3月12日，全国各地的学校都会开展各种主题的植树节爱树护树活动。

校园内外，同学们拿上铁锹，提上水桶给小树除草、松土、浇水、修枝，将一棵棵充满生机和希望的树苗植入坑内，又为它们浇灌生命之水。有的学校开展小种植员护绿活动，同学们用废旧的饮料瓶、塑料盒、纸杯等制作出各式各样的花盆，并栽下各种小植物。

为了让学生树立爱护植物、保护生态环境的意识，很多学校还会开展以“植树节”为主题的手抄报活动或主题班会活动，有的还给小树写诗……

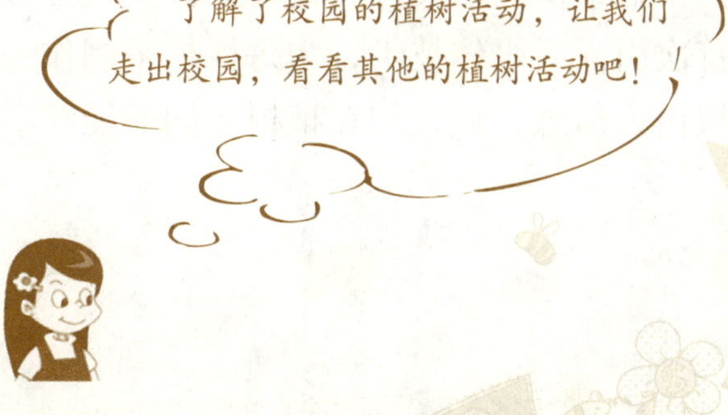
了解了校园的植树活动，让我们走出校园，看看其他的植树活动吧！

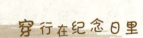

校园里的植树活动丰富多彩，同学们在这幸福快乐的劳动中，用自己的实际行动为班级、学校、社会增添一分绿色，一分美丽。

2016年3月12日是我国第38个全民义务植树节，也是国家开展全民义务植树活动35周年。植树节到来之际，社会各界纷纷用实际行动履行植树义务,开展形式多样的义务植树活动。近年来，随着互联网的发展，各地不断探索义务植树的新思路、新办法。“绿色众筹”“信息化植树”“认养树木”等新方式层出不穷。

天津：首推“网络众筹”植树模式

美丽天津
绿色众筹

3月初，共青团天津市委推出“美丽天津·绿色众筹”网络捐树活动，首次把传统植树活动搬到了网上，以“互联网+公益”的形式，通过网上众筹，邀请广大市民足不出户参与捐树植树活动，吸引了不少年轻人的关注。“绿色众筹”将成为“公益天津”平台上的一个固定板块，市民随时可以进行“随手捐”，只要凑齐50元，就可以实现捐种一棵树，由林业部门根据季节特点，随时进行补种。

山东淄博：信息化植树

近年来，淄博市不断推广信息化植树方式，鼓励市民通过新媒体手段参与植树造林和生态保护。2015年3月12日，“青春绿色行动·共建美丽淄博”全市青少年信息化植树活动在齐盛湖公园举行，3000多名来自市直部门、企业、学校、公益组织的人员及其他社会公益人士参与了活动。据悉，本次植树活动首次引入新媒体技术，为每棵树苗制作一张二维码名片，用以记录树苗及植树人信息，让人们在植树的同时能够享受到新媒体技术带来的全新体验。

湖南湘潭：家庭认养树木

2016年植树节期间，湘潭经开区举行树木认养大型公益活动。植下一棵树，增添一片绿。经开区为开展好植树工作，特地面向湘潭市民发起植树认养倡议，邀请2016个家庭认养2016棵树木，建设美丽家园。此次植树面积约为7万平方米，树种有北美红枫、云南樱花、银杏、垂柳、果石榴、墨西哥落羽杉等。2016个认养家庭亲自种下了自己选中的树木，为心仪的树木挂上认养牌，认养挂牌上显示着认养人给树起的名字、家庭成员姓名和家庭梦想格言等。

特别的植树活动

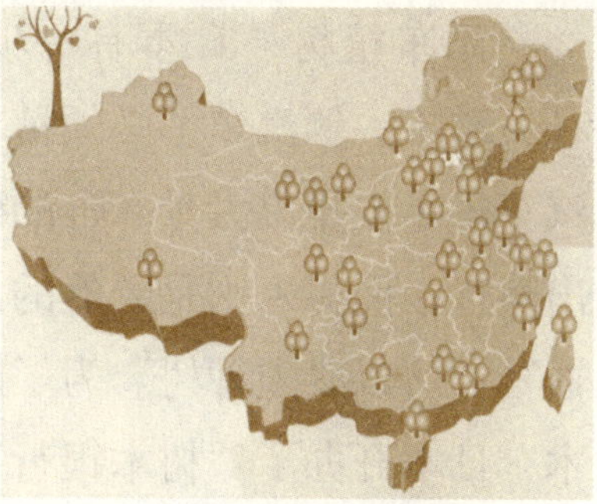

网络植树 “网络植树”活动是我国在“幸福家园——西部绿化行动”生态扶贫公益项目基础上发展而来的，该项目旨在动员国内外力量，采用种植经济林木的方式实现经济发展和生态建设和谐发展。它是以网络的方式实现植树，分为两个步骤：第一步是通过网络植树平台募集资金，平台为捐资网友提供网络虚拟树苗；第二步是把筹集到的资金用于特定地点的绿化事业。

随着春天的来到，市民的植树热情也开始高涨起来。可由于土地有限，不少人因为找不到可以植树的地点而心生烦恼，而“网络植树”则解决了市民的这一难题。例如：可以利用中国绿化基金会创设的“中国网络植树”平台，只要点击“我要捐款”，就可以通过支付宝、网银在线、财付通三种渠道，以10元一棵树、2000元一亩林的小额持续捐赠方式，参与并支持绿色公益事业，同时履行公民植树义务。凡社会各界捐赠的善款，均统一汇入中国绿化基金会捐赠账户，由中国绿化基金会根据项目规划严格使用捐赠资金，并在官方网站定期向社会各界公示。

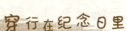

哇！好新奇的植树方式，我也要参加网络植树。

欢迎大家积极参与网络植树。网址：http://etree.forestry.gov.cn

添车植树　日本有一项特殊的规定，凡是私人增添一辆汽车，必须植一棵树。因为，每辆汽车每年要排出大量有毒的碳氢化合物，还要发出噪音，而树木则是天然的“消毒员”和“除音器”，所以必须种树。为了防止建筑工程毁坏树木，日本开办了“树木银行”。凡施工单位，必须把清理场地挖出来的带根树木及时存入“树木银行”，在工程结束后，该单位必须及时把树木取出来栽上，以保持原有的绿化面积。

小读者，阅读了上边的资料，能和同伴们说一说你对哪种形式或哪个地方的植树节感兴趣，为什么？

我们结婚了，
办证，谢谢。
办证处

婚姻植树 几百年前，南斯拉夫就制定了一项法律，规定每对新婚夫妇，必须先种植油橄榄树70株。

日本鹿儿岛等一些地区也有新婚夫妇要植树的规定，树旁立碑写明姓名和婚期，植后50年方能砍伐，届时植树夫妇可举行结婚50周年庆祝活动。

印度尼西亚爪哇岛也将树与婚姻联系在一起。其规定，第一次结婚要种树2棵，离婚的要种5棵；第二次结婚必须种树3棵，否则不予登记。

添丁植树 在非洲坦桑尼亚的许多地方，有一种"添丁植树"的风俗，即谁家生了孩子，便把胎盘埋在门外的土地里，并在那里种上一棵树，表示希望孩子像树一样茁壮成长。

波兰的一些地方也有这样的规定：凡是生了小孩子的家庭均要植树3株，称之为"家庭树"。

超链接

有关保护树木的宣传语

树木拥有绿色，地球才有脉搏。
地球是我家，绿化靠大家。
一花一草皆生命，一枝一叶总关情。
森林是氧气的制造工厂。
万人齐参与，共建"绿色生命树"。
风之轻柔，树之荫荫；草之舞动，君之功劳。
草木无情皆愿翠，行人有情多爱惜。
为了你我的健康，请爱护树木。

我的摘录

我的收获

我的创意设计

小读者，读了上边的资料，你是否也想用自己的实际行动为世界添一分绿呢？请赶快用你手中的笔设计一种有趣的植树、护树活动吧！

心灵驿站

到站了，休息，休息！

春天是个植树的好季节。植树，不仅是在土地上种下一棵苗，也是在心里埋下一颗种。多种一棵翠绿的小树，就多有一片蔚蓝的天空。

亲爱的小读者，让我们在这个充满生机的季节里，迎着和煦的春风，从我做起，从现在做起，从给身边树浇水、清理杂草，捡拾树林里的垃圾做起，自觉爱护家园。让小树苗在新的一年能够茁壮成长，让大树能够在新的一年继续遮阴，为创建“绿色世界”做出一份贡献。

第四站

读书，飞翔的翅膀

亲爱的小读者，很高兴与你相约在“世界读书日”这片飘满书香的天地。畅游其中，你能追溯（sù）到它的起源，结识古今中外爱读书、善读书的伟人、名士，领略世界各国独特的纪念活动，感受浓郁的文化氛围，启迪你的思想，荡涤（dí）你的心灵。

书是春风，能舒坦发困之心；书是雨露，能滋润干枯之心；书是阳光，能照耀万物之灵；书是明灯，能照亮光辉人生。

我相信，从这一刻起，你的心中已萌发出与书为伴、以书为友的念头，那就让我们在“悦读”中点亮梦想，振翅高飞吧！

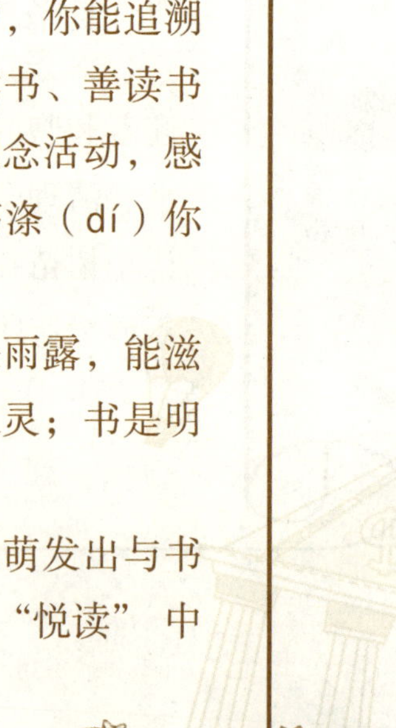

历史回放

读书日的来历

亲爱的小读者，你可知道“世界读书日”不仅来源于一个美丽的传说，而且与世界级的文学家有着不可思议的巧合。

相传有一天，美丽的公主被恶龙困于深山，勇士圣乔治单身战胜恶龙，解救了公主，获得了公主回赠的礼物——书，从此“书”成为胆识与力量的象征。每到这一天（4月23日），在西班牙的加泰罗尼亚地区就有妇女向丈夫或男朋友赠送一本书，男人们则会回赠一枝玫瑰花的习俗。

1923年，为了纪念文学巨匠塞万提斯和他的伟大作品《堂吉诃德》，西班牙作家文森特·克拉维尔向加泰罗尼亚地区政府提出在西班牙设立“读书日”。1926年，这一建议得到国王批准。从此，西班牙的“读书日”诞生了。最初，这一纪念日设立在塞万提斯的诞生日10月7日，到1930年，庆祝活动移到了4月23日——塞万提斯的忌（jì）日。

更巧的是，4月23日，也是英国大文豪莎士比亚、美国作家弗纳博科夫、法国作家莫里斯·德吕翁、冰岛作家拉克斯内斯等文学大家的出生日或逝世日，这在世界文学领域也是具有纪念意义的一天。因此，将其作为“世界读书日”也是顺理成章的。

1995年，联合国教科文组织宣布4月23日为“世界读书日”，旨在让各国政府与公众更加重

小知识

联合国教科文组织：全称“联合国教育、科学及文化组织”。成立于1945年11月4日，总部在法国巴黎，宗旨是促进教育、科学及文化方面的国际合作，以利于各国人民之间的相互了解，维护世界和平。

说一说

博博：世界读书日真是充满了传奇色彩，它的确立和西班牙人有着密切的关系。

文文：我在阅读中关注了文中的插图，了解到4月还有一个“国际儿童图书日”。

我也说说：

视读书这一传播知识、表达观念和交流信息的形式。同时希望世人，无论是年老还是年轻，无论是贫穷还是富有，无论是患病还是健康，都能享受阅读的乐趣，并对那些为促进人类社会和文化进步做出巨大贡献的人表示敬意。

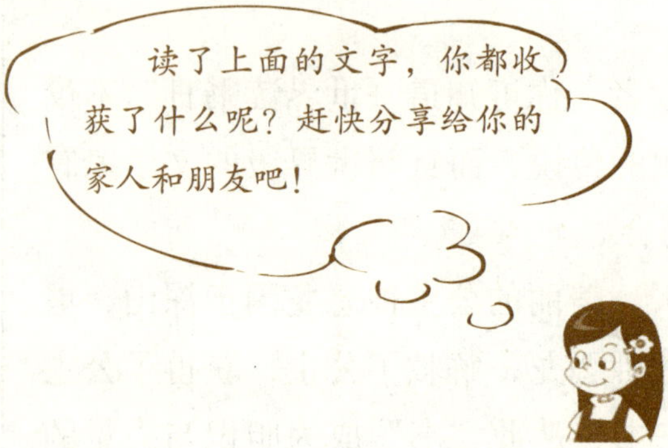
读了上面的文字，你都收获了什么呢？赶快分享给你的家人和朋友吧！

超链接

国际儿童读物联盟：被国际出版界公认为世界儿童读物出版的“小联合国”，是致力于把图书和儿童联系在一起的国际网络，属于联合国教科文组织的非营利性机构。其宗旨是：通过儿童图书增进国际间了解；帮助全球儿童尽可能多地接触高水准的文学、艺术读物；鼓励和支持高品位儿童读物的出版和发行，并为致力于儿童出版事业的人们提供援助和培训等。每两年召开一次联盟大会，研究讨论国际儿童读物的现状和发展，选举领导机构，评选和颁发安徒生儿童文学奖和插图奖。

国际儿童图书日
4月2日：“国际儿童图书日”
由来
4月2日是丹麦童话大师安徒生的诞辰日，1967年国际儿童读物联盟把这一天定为“国际儿童图书日”，以唤起人们对于读书的热爱和对儿童图书的关注
国际儿童读物联盟于1953年成立，目前有70个国家分会。1986年，中国正式宣布加入这一组织。中国分会于1990年6月在北京成立
2010年主题
《一本书正等着你，找到它》

超链接

世界图书之都

联合国教科文组织不仅设立了世界读书日，还在2001年启动了“世界图书之都”项目，宣布西班牙首都马德里为2001年的“世界图书之都”。此后，每年都有一座城市被联合国教科文组织授予“世界图书之都”的称号。随后当选“世界图书之都”的城市分别有：

2002年，埃及的亚历山大；

2003年，印度的新德里；

2004年，比利时的安特卫普；

2005年，加拿大的蒙特利尔；

2006年，意大利的杜林；

2007年，哥伦比亚的波哥大；

2008年，荷兰的阿姆斯特丹；

2009年，黎巴嫩的贝鲁特；

2010年，斯洛文尼亚的卢布尔雅那；

2011年，阿根廷的布宜诺斯艾利斯；

2012年，亚美尼亚的埃里温；

2013年，泰国的曼谷；

2014年，尼日利亚的哈科特港；

2015年，韩国的仁川；

2016年，波兰的弗罗茨瓦夫。

世界各国阅读立法

目前很多国家都着眼于民族和国家的文化未来，以立法的形式促进国民阅读积累和阅读能力的提高：

●中国　2013年，全国“两会”期间，115位政协委员联名签署《关于制定实施国家全民阅读战略的提案》，建议政府立法保障阅读、设立专门机构推动阅读；在深圳，2014年6月23日，公布《深圳经济特区全民阅读促进条例》（征求意见稿），修改50多次，2016年4月1日正式实施。

●美国　1998年，颁布了《卓越阅读法》，2002年颁布了《不让一个孩子落后法案》。

●日本　2001年，颁布了《关于推进儿童读书活动的法律》。

●韩国　1994年，制定了《读书振兴法》。

●俄罗斯　2012年，制定了《民族阅读大纲》。

人物点击

威廉·莎士比亚 生于1564年4月23日，逝世于1616年4月23日，欧洲文艺复兴时期最伟大的戏剧家和诗人，被誉为世界戏剧之父。代表作有：四大悲剧——《哈姆雷特》《奥赛罗》《麦克白》《李尔王》；四大喜剧——《仲夏夜之梦》《威尼斯商人》《第十二夜》《皆大欢喜》；历史剧——《亨利四世》《亨利五世》《理查二世》。英国人民将4月23日定为“莎士比亚戏剧节”，节日期间几乎天天都会在不同场所上演莎士比亚剧目，并且免费，以此纪念他们引以自豪的作家。近年来，“莎士比亚戏剧节”的活动已跨越国界，成了一项全球性的纪念活动，因为莎士比亚不仅属于英国，而且属于全世界。英国诗人琼森评价莎士比亚说：“时代的灵魂，不是属于一个时代的，而是属于千秋万世的。”他的作品，扎根在一代又一代人的心田，并成功地在世界各地的舞台一而再、再而三地被演绎（yì），风靡（mǐ）全球，经久不衰。他的魅力和影响力直至今日，依旧无人可以替代和跨越。“世界读书日”的诞生也是为了纪念像他这样的文学巨匠。

真不愧为人类最伟大的戏剧天才！

莫　言　原名管谟（mó）业，1955年生于山东高密，是第一个获得诺贝尔文学奖的中国籍作家。代表作有《红高粱》《檀香刑》《丰乳肥臀》《蛙》《四十一炮》等，其中《蛙》获第八届茅盾文学奖。他童年时，大部分时间在农村度过，一直深受民间故事或传说影响，甚至故乡的一景一物也是他创作的灵感与源泉。1980年，他以乡土作品崛起，充满着“怀乡”及“怨乡”的复杂情感，被归类为“寻根文学”作家。1985年发表了《透明的红萝卜》一举成名；1986年发表的中篇小说《红高粱》，不仅被翻译成英译本在欧美出版，还被评选为“1993年全球最佳小说”；2012年，获得诺贝尔文学奖，开辟了中国作家走进诺奖行列之路，对中国文坛产生了持久而广泛的影响；2013年世界读书日，被湖南卫视承办的“2013书香中国”节目邀请为“全民阅读形象代言人”，与大家分享关于阅读的众多话题。

边存金　儿童教育阅读推广专家，《中国教育报》2014年度推动读书十大人物之一。他心里始终藏着一个读书梦。2010年，刚到兰山区教育局上班，做的第一件事就是跑到该区最偏远的两所村级小学，带领着孩子们读书。几年来，他不仅定期给他们上阅读课，还不定期给他们送书，而且把一些名人邀请到班级里和孩子们沟通交流。在他看来，这也是一种阅读，一种更深层次的人生阅读。他甚至挨个学校动员，向家长发放明白纸，通过家长会培训和家委会宣传，让家长们带头做阅读人，以此来支持和带动学生阅读。后来这两个班成了著名的“蚂蚁嘎德班”和“小诸葛班”。2014年，他以“小诸葛班”学生为原型撰写的教育成长小说《会玩，才有翅膀》获得冰心图书奖，同时出版了童诗《叶子是小鸟的书》、童话集《星星伞》。他把《会玩，才有翅膀》的稿费全部买书，送给了乡村500名教师和2000名乡村贫困、失亲孩子。

小知识

信手拈来：信手：指随手。拈：指用手指捏取东西。随手拿来。多形容写文章时能自由熟练地选用词语或应用典故，用不着怎么思考。

满腹诗书：比喻博学多才，知识丰富。

脱颖而出：颖：尖子。锥尖透过布囊显露出来。比喻本领全部显露出来。

说一说

博博：何欣航姐姐真是个“小才女”，我要给她点赞！

文文：我也要像姐姐一样，做一个乐读善写的人。

我也说说：

何欣航　2000年生于福建漳州云霄县一个教师家庭。从小受文学的熏陶，在校成绩优异。享有“文(诗)坛八骠骑”之一的美誉。从5岁起就与书结下不解之缘，先后阅读《西游记》《水浒传》《三国演义》等上千部名家著作。她将书视为自己的亲密伙伴和最珍贵的私有财产，每拿到一本书都要读上四五遍，读时非常用心，凡读过的书总会记录满满；而且她的记忆力超强，对很多古籍名句都能信手拈来。对阅读的热爱触发了她表达的灵感和欲望，近几年在《少年文艺》《中国校园文学》《中国少年报》《意林》等四十多家刊物发表近300篇(首)诗歌、童话、小说等，并获得“中国少年作家杯”诗歌一等奖、“小诗人”奖首奖、“冰心作文奖”诗歌一等奖等多个奖项。2014年应邀参加央视10套的《中国成语大会》，凭着满腹诗书与来自全国各地的精英选手进行角逐，很快脱颖而出，成为36强选手之一，如此惊人的表现要归功于她平时广博的阅读。

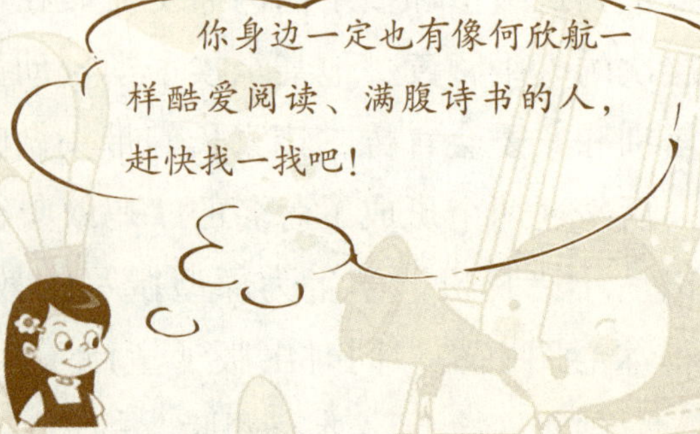
你身边一定也有像何欣航一样酷爱阅读、满腹诗书的人，赶快找一找吧！

超链接

车胤（yìn）囊萤

东晋时期的车胤，年幼时就爱读书，白天帮家人干活，只能晚上读，但因家境贫困，点不起灯，令他十分苦恼。一个夏夜，空中飞舞的萤火虫使他想到：把许多萤火虫聚在一起，不就成一盏灯了吗？于是，他捉来萤火虫装在白纱布做成的袋子里，吊在案头。从此，他就借萤光夜夜苦读，后被朝廷重用。

鲁迅嚼辣椒驱寒

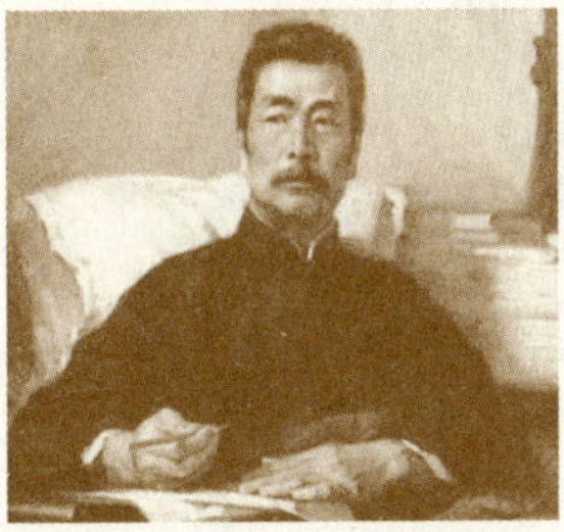

鲁迅先生少年时，在江南水师学堂读书，成绩优异，学校奖给他一枚金质奖章。他立即拿到南京鼓楼街头卖掉，然后买了几本书，又买了一串红辣椒。每当夜读寒冷难忍时他便摘下一个辣椒，放在嘴里嚼着，辣得额头冒汗。他就是用这种办法驱寒坚持读书，后来成为我国著名的文学家。

但凡能成就一番事业的人，都与读书有关，你还知道哪些名人读书故事呢？

经典呈现

《我的一本课外书》

我的一本
课外书

这是央视科教频道倾情打造的全国第一档青少年电视阅读真人秀节目。节目主角是从全国层层选拔出的15岁以下爱阅读、勤思考、乐分享的孩子，他们以“我的一本课外书”为题，登台与大家分享阅读感受，推荐好书，与评委展开思维碰撞。整个节目妙趣横生，内容真挚自然，被认为是电视与阅读的完美结合，为科学测量阅读能力开辟了全新的视角，更为推广全民阅读提供了基石。

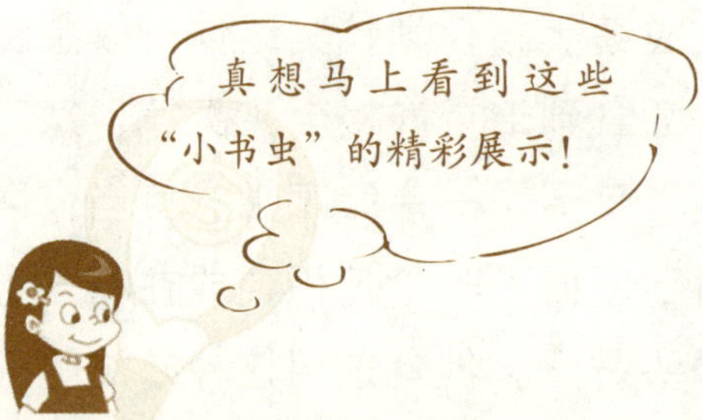
真想马上看到这些
“小书虫”的精彩展示！

《父与子》

父与子
全集

这是一本没有文字，只用连续画面叙述幽默的故事，体现父子情深的连环漫画。其中的父与子实际上就是漫画家卜劳恩与儿子克里斯蒂安的真实写照，一幅幅小巧精湛的画面闪烁着智慧之光，无言地震撼着人们的心灵。

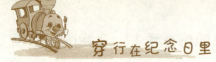

《我要读书》

我要讀書

这是一部关注残疾儿童上学的影片。影片讲述了一个先天残疾、有着神秘身世、朴实善良的孩子张强，不屈服于命运，勇敢追梦的故事。影片想要唤醒更多的人关注这个特殊的群体，让他们也能有书读，有学上。

他们虽然在身体上有缺陷，但是他们坚强的意志、求知的欲望令我们敬佩。

是呀，我们应该伸出双手，献出爱心，让他们更加自信、快乐地与我们一起读书，一起学习。

小知识

狄金森：（1830—1886）美国传奇诗人。20岁时开始写诗，一生为世人留下1800多首诗，她的诗感情真挚，想象丰富，生活是她诗歌创造的源头。

说一说

这首儿童诗，用富含哲理的语言，介绍了书的神奇之处，读时既朗朗上口，又耐人寻味。

我也说说：

超链接

神奇的书

（美）狄金森

没有一艘非凡的战舰，
能像一册书籍，
把我们带到浩瀚（hàn）的天地。

也没有一匹神奇的坐骑（jì），
能像一页诗句，
带我们领略人世的真谛（dì）。

即令你一贫如洗，
也没有任何栅（zhà）栏能阻挡，
你在书的王国遨游的步履（lǚ）。

多么质朴无华的车骑！
而它却装载（zài）了
人类灵魂全部的美丽！

名言推荐

读书之法，在循序而渐进，熟读而精思。

——朱熹

鸟欲高飞先振翅，人求上进先读书。

——李苦禅

读书是我唯一的娱乐。我不把时间浪费于酒店、赌博或任何一种恶劣的游戏；而我对于事业的勤劳，仍是按照必要，不倦不厌。

——富兰克林

上面的内容真是丰富多彩，既有电视栏目、连环漫画，又有影视作品、名言警句。挑选自己喜欢的看看吧！

我拭目以待的是《我要读书》这部电影，可以了解那群特殊孩子的读书故事……

上面的读书名言我已熟记于心，你还知道哪些关于读书的名言、古诗呢？

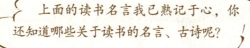

活动集锦

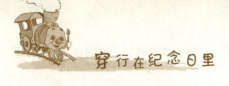

亲爱的小读者，书籍是人类进步的阶梯。读书能丰富人的心灵，开阔人的视野，也让人生变得多姿多彩。你们正处在读书的黄金时期，在童年为自己铺设一条阅读之路是至关重要的。也正因此，世界各地都会以4月23日——世界读书日为契机，掀起读书热潮，秀出读书之风。

中　国

2016年4月23日是第20个世界读书日，也是中宣部等十部委开展“全民阅读”活动的第十个年头。十年来，各地各部门开展了内容丰富、形式多样的全民阅读活动。每逢读书日和读书月，主题讲座、书店签售、亲子阅读，参观出版社，书店不打烊，看书、选书、买书等系列活动纷纷涌现。随着这些活动的深入开展，一些城市通过整合全民阅读资源，打造了一批较有影响力的全民阅读“书香”品牌，使得“爱读书，读好书，善读书”的阅读氛围越发浓厚。

2016年“世界读书日”前后，“2016书香中国暨北京阅读季”“书香天津·全民阅读”“书香三晋·文化山西”“书香安徽阅读季”“世界读书日·海峡读者节”“书香赣鄱·世界读书日经典诵读”“书香荆楚·文化湖北”“书香岭南”“书香天府·全民阅读”“书香西藏”等“书香”品牌阅读活动在全国各地启动，将全民阅读推向了高潮。

不仅如此，近年来，自动借书机、流动图书角、24小时书店等陆续出现，众多民间图书馆、阅读推广公益组织也成长起来了，阅读类微信公众号更是数不胜数……全面阅读理念深入人心。

各地缤纷多彩的特色书店，成为一座城市的公共空间和文化新地标，满足读者的阅读、文化体验和消费需求，让更多的人沐浴书香，享受阅读的乐趣。

北京蒲蒲兰绘本馆　它是国内首家外资专业儿童书店，主要经营儿童读物，策划、执行儿童早期阅读活动，设计制作益智类玩具等。绘本馆内，书台上无处不在的七彩绒毯如流动的彩虹，将书店分割成若干独立而又浑然一体的空间；大小不等的圆形飘窗，错落地分布在贴墙而立的书架上，它们是为孩子们精心设计的阅读角。五彩斑斓的绘本馆像一个儿童游乐场，营造出充满童趣的梦幻世界。

24
書吧
HOURS
BOOKBAR

深圳24小时书吧　作为中国内地坚持最久的24小时书吧，从2006年11月1日开业至今，深圳24小时书吧始终坚持不熄灯不打烊。在开业时，有家中央媒体报道：“我们不敢说，这家书店之于深圳，就像埃菲尔铁塔之于巴黎，是一座文化地标。但我们不能否认，这家书店和它的守望者，是这个不满30岁城市小小的基因。”从开业那天起，天花板上的灯就再也没有熄灭过，24小时书吧成为许多爱书人流连忘返的“家园”。

南京先锋书店　这里本是一个地下停车场兼防空洞，却被打造成中国最美的书店。学术活动、文化沙龙、艺术画廊，体现着精神的引领；咖啡、音乐、电影、创意、生活，彰显着思想的盛宴。以“大地上的异乡者”自居的先锋书店具有浓重的文艺色彩，用梵高的自画像做吊顶，把十字架高高地树立在书廊最醒目的位置。在书店选书的同时，会感到无处不在的人文精神和自由尊重。在这里，不仅仅是读书，还有对文化与艺术的顶礼膜拜。

哇！好有特色的书店呀！我好想去体验一番。小读者，你们知道全国各地的特色书店还有哪些吗？我们一起去上网搜搜看。

超链接

1.20元
中国邮政
CHINA

2016年4月23日世界读书日，中国邮政发行《全民阅读》特种邮票。邮票为1套1枚，面值1.2元。

该套邮票采用了特种油墨印刷，所采用的特殊印制工艺，使邮票极具趣味性和可读性。画面不仅有很强的时代感，构思也十分新颖。书籍左面围绕阶梯微缩印制了《三字经》的部分内容；邮票画面中印有“全民阅读”四字盲文，展现“阅读无障碍，一个不能少”的理念；紫外灯光下可以看到敞开的窗户中透出夜读的灯光。

我知道，亚马逊中国公布的“2016年中最爱阅读城市榜”中，居于前十位的城市是：合肥、郑州、温州、昆明、太原、长春、济南、徐州、南宁、宁波。

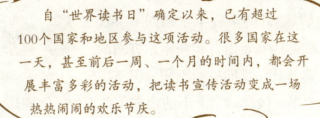

自“世界读书日”确定以来，已有超过100个国家和地区参与这项活动。很多国家在这一天，甚至前后一周、一个月的时间内，都会开展丰富多彩的活动，把读书宣传活动变成一场热热闹闹的欢乐节庆。

西班牙

作为“世界读书日”缘起之地，西班牙的加泰罗尼亚地区，自中世纪以来，那里的人们就一直保持着庆祝“圣乔治节”（即读书节）的传统。节日当天，男孩会向心仪的女孩送玫瑰花，而女孩们会送书作为回馈。当地还会举办大大小小的书展，读者每购买一本书，就能得到一支玫瑰作为赠品。所以，在世界读书日当天，可以看见街上许多人都拿着玫瑰花，像是情人节一样。

在首都马德里，则有传统的庆祝活动——“图书之夜”，市民几乎全体出动：有的到书店购买新书；有的到图书馆浏览阅读；有的聆听作家讲座，并与作家交流沟通；有的去看艺术家即兴作画……直至午夜时分，爱书的人们仍然在街头徜徉。

英 国

2015'S £1 BOOKS
AGE 2+
AGE 2+
AGE 5+
AGE 5+
AGE 7+
AGE 7+
AGE 9+
AGE 9+
YA
YA
官方网站上公布的当年图书抵用券可直接兑换的书单

尽管4月23日与英语文学有深刻渊源，英国的“读书日”却并不在这一天。英国根据当地的传统，将“读书日”庆祝活动提前到3月的第一个星期四——这个日子，就是1998年由首相布莱尔宣布的英国本土读书日。日期虽然不同，但英国人在宣扬读书、鼓励读书上下的功夫一点不少。他们认为，设立读书日的要旨，首先在于让孩子体验读书的乐趣，帮助他们培养终身的阅读爱好。

读书活动期间，英国中小学生可以获得价值一英镑的“图书抵用券”，在英国境内任何书店均可使用。孩子们还可以根据书中人物形象设计服饰，优秀作品可获得50英镑购书券，学校的师生和工作人员，也会装扮成《爱丽丝梦游仙境》《灰姑娘》等书中的各种形象亮相，好像“嘉年华”一般。

美 国

APRIL
IS
NATIONAL
POETRY
MONTH

从1996年开始，美国就将每年四月的一整个月定为“全国诗月”，全美的出版商、书商、文学组织、图书馆、学校和诗人都齐聚一堂，颂扬诗歌，赞美和纪念它在美国文化史上的重要地位。成千上万的商业企业和非营利组织参加诗歌阅读、节日庆典、图书展览、诗歌沙龙等等各种庆祝活动。而在马里兰、肯辛顿等地，还在每年最接近4月23日的那个星期天，举办街头庆祝活动。

韩　国

270
KOREA

在深受儒家“重教兴文”思想影响的韩国，政府一般会在4月23日发行“世界读书日”纪念邮票，目的不仅是培养读者的版权意识，更是为了把阅读和写作的风气，透过一枚枚精美的邮票，随信件传遍世界每个角落。

日　本

JAPANESE WORDS
A CARP FOR KIMIKO
Children's Books about Japan and Japanese culture
JAPANESE CELEBRATIONS
K is for Kabuki
Peach Boy
Suki's Kimono
I Live in Tokyo

4月23日为日本的“儿童读书日”。每年的这一天都要召开“推进儿童读书活动论坛”，并向读书活动优秀实践团体颁发“文部科学大臣奖”。与此同时，日本全国的所有公共图书馆都会在“儿童读书日”前后举办以儿童为对象的、丰富多彩的读书活动。

从2000年起，日本“读书推进运动协议会”“儿童读书推进会议”等民间社会团体还将4月23日至5月12日这三周左右的时间确定为“儿童读书周”，每年围绕一个主题展开各种充满趣味的儿童读书活动。2015年的“儿童读书周”的主题是“书是灿烂的万花筒”。

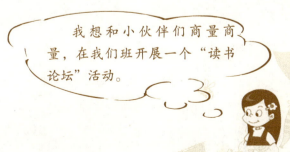

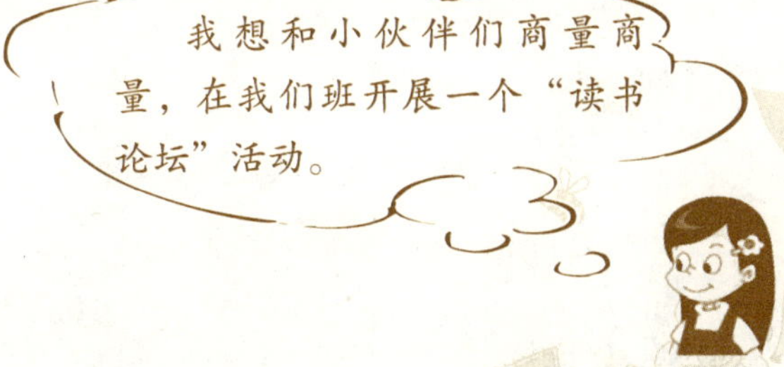
我想和小伙伴们商量商量，在我们班开展一个“读书论坛”活动。

印度尼西亚

在印尼，不仅有“世界读书日”，还有5月份属于印尼本国的“全国读书日”，这样一来，每年的4月中旬到5月中旬长达一个月的时间里，印尼官方和民间都会组织内容丰富的读书活动。

印尼人并不十分富裕，昂贵的书价常使人们望而却步。因此，印尼人有了交换图书的妙招。印尼的“好读书”俱乐部每个月都会举行活动，包括举办各种讲座、新书推介会、联合出版商搞促销等等，而会员之间的图书交换更让大家实现了图书共享。此外，印尼人还特别关注如何把儿童从电子游戏、电视中拉回来，让更多的孩子养成爱读书的好习惯。

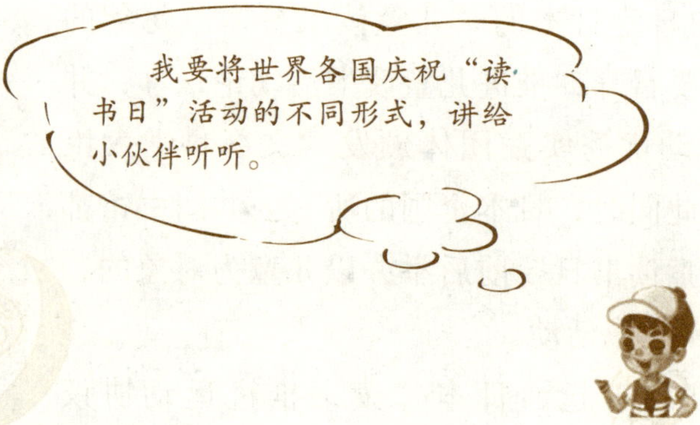
我要将世界各国庆祝“读书日”活动的不同形式，讲给小伙伴听听。

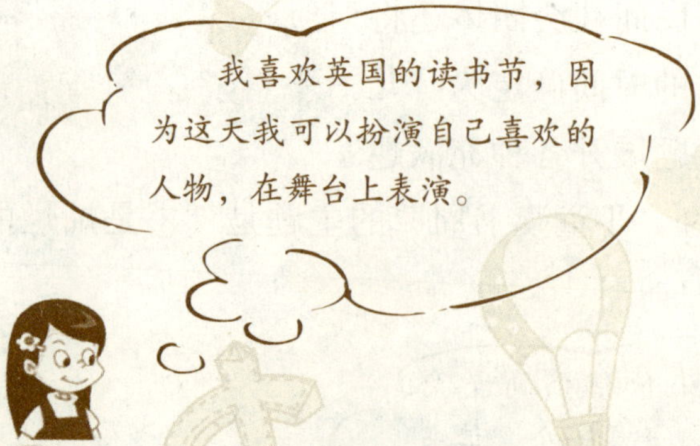
我喜欢英国的读书节，因为这天我可以扮演自己喜欢的人物，在舞台上表演。

我想为班级设立一个图书角，让同学们随时有书可读。

超链接

“图书跳蚤市场”开市啦！

在“世界读书日”“六一”等特殊的日子中，诸多幼儿园、中小学、社区都会开展别开生面的“图书跳蚤市场”活动，孩子们会将自己手中闲置的书分好类，贴上标签，带到学校固定的摊位上，有的模仿大人卖东西的吆喝声进行促销，有的采用“买一赠一”的方式吸引“顾客”。

购书者都带着渴望与搜寻的目光在各个摊位前选购，并与小摊主讨价还价，现场气氛热烈，孩子们兴趣盎然。

这样的活动既可为孩子们提供一个以书换书、循环利用、绿色阅读的平台，同时也能引领学生感受商品在流动中的乐趣，提高学生参与社会实践活动的能力。

我的摘录

我的收获

我的创意设计

小读者，了解了这么多国家庆祝读书日的形式，请你展开想象为我国设计一个主题鲜明、内容丰富、形式多样的读书日活动。

心灵驿站

到站了，休息，休息！

世界读书日，像一缕阳光，照耀着我们的生活。

世界读书日，像一股春潮，激起我们“悦”读的热情。

在沙沙的翻页声中，你准会被充满传奇色彩的内容所吸引，被一个个感人的故事所打动，被一幅幅精美的画面所感染……

亲爱的小读者，这就是书籍的魅力，唯有用心感受者方可享受其中之妙，体会其中之乐。请将自己在阅读中享受到的妙趣和体会到的乐趣诉诸笔端，形成文字，为童年积攒一笔丰厚的精神财富吧！

第五站

劳动，时代的主旋律

劳动创造了世界，创造了人类，创造了我们今天的幸福生活。是劳动，建成了今天的万丈高楼；是劳动，筑就了现代化的高速公路；是劳动，让偌大的地球变成了一个小村落；是劳动，使浩翰的荒原变成了亩亩良田。劳动是伟大的，劳动者用勤劳的双手和智慧，编织了这个五彩斑斓的世界，创造了人类的文明。亲爱的小读者们，我们年年都欢快地庆祝五一劳动节，那么这个节日里还有哪些奇闻异事呢？让我们跟随博博、文文的脚步，在知识的海洋尽情遨游吧！

历史回放

国际劳动节的来历

国际劳动节，又称“五一国际劳动节”“国际示威游行日”，是世界上80多个国家的全国性节日，在每年的5月1日。它是全世界无产阶级、劳动人民的共同节日。

此节源于美国芝加哥的工人大罢工。

19世纪，资本主义高速发展，资本家为追逐利润，普遍采取增加劳动时间和劳动强度的办法来残酷地剥削工人，以榨取更多的剩余价值。工人每天工作超过12个小时，工作环境十分恶劣。以美国为例，工人们每天要劳动14至16个小时，有的甚至长达18个小时，但工资却很低。沉重的阶级压迫激起了无产者的巨大愤怒。为了争取基本的生存条件，工人们团结起来，通过罢工运动与资本家做斗争。当时提出的罢工口号，就是要求实行8小时工作制。

1884年10月，美国和加拿大的8个国际性和全国性工人团体，在美国芝加哥举行集会，决定于1886年5月1日举行总罢工，迫使资本家实施8小时工作制。5月1日，美国各地同时爆发了罢工运动和示威游行，20多万工人参加了斗争。仅芝加哥一个城市，就有4.5万名工人涌上街头,致使美国的主要工业部门处于瘫痪状态。

为纪念美国工人的罢工运动，1889年7月，由恩格斯领导的第二国际在巴黎举行代表大会。会议通过决议，规定1890年5月1日国际劳动者举行游行，并把5月1日这一天定为国际劳动节。这一决定立即得到世界各国工人的积极响应。1890年5月1日，欧美各国的工人阶级率先走向街头，举行盛大的示威游行与集会，争取合法权益。从此，每逢这一天，世界各国的劳动人民都要集会、游行，以示庆祝。

中国人民庆祝劳动节的活动可追溯至1918年，一些革命知识分子在上海、苏州等地向群众散发介绍五一劳动节的传单。将“劳工权利”“劳工尊严”“劳工神圣”等全新的观念引入中国，为中国人民争取解放积淀了心理基础。1920年5月1日，北京、上海等城市的工人群众走上街头举行了声势浩大的游行集会，争取8小时工作日。新中国成立后，中央人民政府政务院于1949年12月做出决定，将5月1日确定为劳动节。

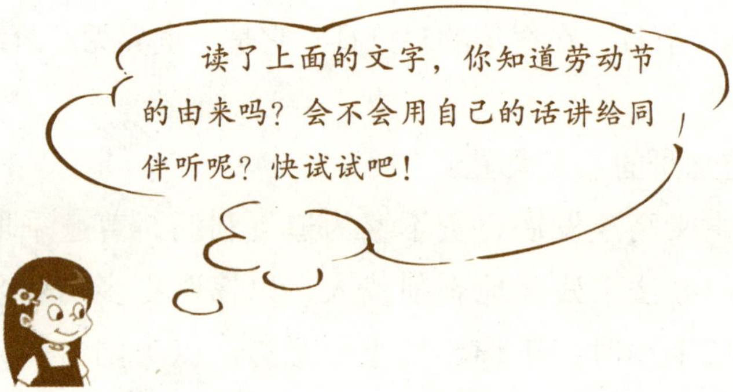
读了上面的文字，你知道劳动节的由来吗？会不会用自己的话讲给同伴听呢？快试试吧！

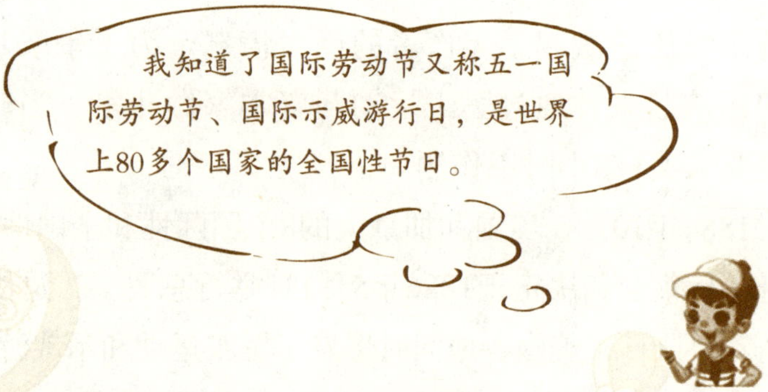
我知道了国际劳动节又称五一国际劳动节、国际示威游行日，是世界上80多个国家的全国性节日。

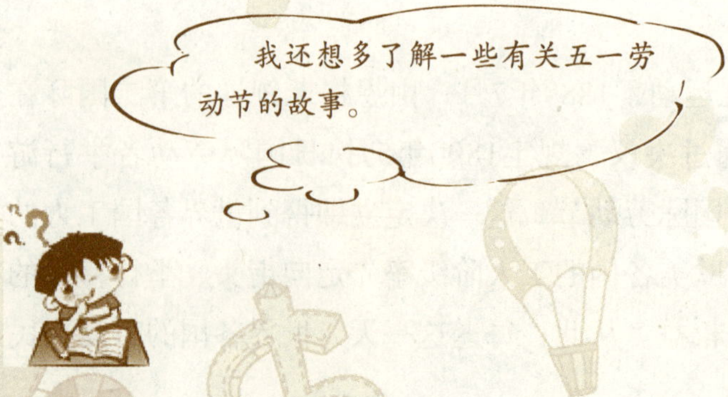
我还想多了解一些有关五一劳动节的故事。

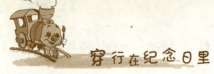

超链接

新中国的劳动模范

新中国成立以来，在不同时期涌现出了千千万万劳动模范，他们是广大劳动者的杰出代表。1989年后，国务院基本上每5年表彰一次全国劳动模范和先进工作者，每次表彰3000人左右。从20世纪五六十年代的时传祥、王进喜、雷锋、张秉贵，到蒋筑英、包起帆、李素丽、徐虎、王启民、许振超、李斌等，一批又一批的劳动模范，他们以自己的实际行动，铸就了爱岗敬业、争创一流、艰苦奋斗、勇于创新、淡泊名利、甘于奉献的伟大劳模精神，成为我们民族宝贵的精神财富，成为伟大民族精神的重要组成部分。

“五一”纪念歌

1921年“五一”前夕，在北京的共产主义小组成员邓中夏等人创办的长辛店劳动补习学校里，工人们学唱《“五一”纪念歌》。其歌词是：“美哉（zāi）自由，世界明星，拼吾热血，为他牺牲，要把强权制度一切扫除净，记取五月一日之良辰。红旗飞舞，走光明路，各尽所能，各取所需，不分贫富贵贱，责任唯互助，愿大家努力齐进取。”这首雄壮有力的歌，是由长辛店劳动实习学校的教员和北京大学的进步学生共同创编而成的。这首歌主题鲜明，格调昂扬，洋溢着广大劳苦大众反对压迫、争取自由、渴求解放的强烈愿望。

小知识

劳模精神是指主人翁责任感和艰苦创业精神，忘我的劳动热情和无私的奉献精神，良好的职业道德和爱岗敬业精神，反映出一个民族在某一个时代的人生价值和思想道德取向。

人物点击

时传祥 20世纪五六十年代北京市崇文区清洁队工人。他以“一人脏换来万人净”，赢得了人们的尊敬，并因此荣获“全国劳动模范”等光荣称号。

出生在山东省齐河县赵官镇大胡庄的时传祥，15岁时就出外逃荒，流落到北京城郊。受生活所迫，时传祥当了掏粪工，从此在“粪霸（bà）”手下干了20年。

1952年，他加入了北京市崇文区清洁队。他决心用自己的双手，为首都的干净美丽做出贡献。他竭（jié）尽全力带领环卫工人为市民服务，提出“工作无贵贱（jiàn），行业无尊卑；宁愿一人脏，换来万人净”的口号。

他把掏粪当成十分光荣的劳动，以身作则，以苦为乐，不分分内分外，任劳任怨，满腔热情，全心全意为人民服务。

1955年，时传祥被评为清洁工人先进生产者。1956年，他当选为崇文区人民代表，同年6月加入中国共产党。1958年，他被邀请担任北京市政协委员。1959年，他被选为全国劳动模范。1959年，时传祥作为全国先进生产者参加了在北京召开的全国“群英会”，10月26日，时任国家主席的刘少奇在人民大会堂湖南厅握着他的手，说道：“你掏大粪是人民勤务员，我当主席也是人民勤务员，这只是革命分工不同。”时传祥表示：“我要永远听党的话，当一辈子掏粪工。”从此，时传祥成为载誉全国的著名劳动模范。

我要学习时传祥老人这种不怕脏、不怕累的精神。
我知道“以身殉职”是指忠于职守而献出生命。

李素丽 1962年出生，中共党员。曾是北京市公交总公司公汽一公司第一营运分公司21路售票员，1998年起从事“李素丽热线”管理工作。在18年的售票员工作中，她把“全心全意为人民服务”作为自己的座右铭，真诚、热情地为乘客服务，被群众誉为“老人的拐杖，盲人的眼睛，外地人的向导，病人的护士，群众的贴心人”，先后荣获“五四奖章”和“全国三八红旗手”、优秀共产党员等称号，2000年被评为全国劳动模范。

从售票台到热线平台，是什么使李素丽在平凡的岗位上光芒耀眼？她坦言：“不管干什么工作，都要有强烈的事业心、责任心和爱心，只有把自己和职业融为一体，把自身价值和本职岗位紧密相连，全身心地投入工作中去，才能把本职工作干好。”

李素丽是北京公交窗口行业的优秀代表，在平凡的公交工作中，她始终把全心全意为人民服务作为自己的人生追求，时刻牢记自己是首都公交战线的一名普通员工，坚持岗位做奉献，真情为他人，以强烈的首都意识、服务意识和公交窗口意识，诠释着公交“一心为乘客，服务最光荣”的行业精神，赢得了广大乘客的尊重和爱戴。她说：“用力去做只能达到称职，用心去做才能达到优秀。”从中我们强烈感受到她“干一行，爱一行，钻一行”的敬业精神和全心全意为百姓服务的崇高境界。

窦铁成 1956年出生于陕西蒲城，中共党员，中铁一局电务公司第十工程公司高级技师。

仅有初中文化的他，勤奋好学，从一名初级电力工成长为“专家型技术工人”“工人教授”。先后荣获全国五一劳动奖章，荣获全国劳模、全国知识型职工标兵、优秀共产党员等称号。现任陕西省总工会副主席。

工作近40年来，他坚持在施工生产第一线刻苦钻研，用技术解决生产难题，用决心战胜工程困难，用知识创造经济效益，创出了一个个精品工程。作为一个有影响力的人物，窦铁成多次参加各种社会活动，把他的荣誉、知识与技能分享给企业和社会。

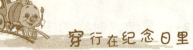

超链接

在这个科技飞速发展、广场舞跳遍全球的时代，“为祖国健康工作五十年”已不再仅仅是口号，到了退休年龄却仍坚守岗位的人越来越多。

美国老人戈德曼已有101岁（2014年），而在他生日这一天，他还像往常一样开车去上班。1941年以来，除“二战”时短暂停职从军之外，戈德曼一直在一家灯具公司上班，到2014年已经工作73年了！当被问及为何还坚持上班时，他反问：那我应该做什么？整天坐着慢慢变老吗？

戈德曼现在居住在一处老年社区，一周上四天班，他坚持自己开车上班。公司老板莱伯斯菲德一家曾在公司东汉诺威分店为这位“铁杆”员工庆祝101岁生日。

长期以来，戈德曼出任店铺经理，但由于年事已高，他近些年更满足于在自己的工作室里“搞创作”。戈德曼的工作室位于公司东汉诺威分店二层。平时，他在那里翻新一些废旧或被人遗弃的电灯，或重新组装能继续利用的部分，赋予这些东西以新生命。

戈德曼就自己的选择表示：“这（上班）是一种挑战，让我能多动脑，多活动。”

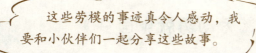

这些劳模的事迹真令人感动，我要和小伙伴们一起分享这些故事。

了解了以上这些劳模，你还想知道哪些劳模？自己动手查一查吧！

经典呈现

《桥》

橋

影片《桥》是中国第一部以工人阶级为主人公，反映中国人民解放战争的故事片，也是新中国电影史的开篇之作。该片讲述的是解放军大举渡江，由于铁路桥被炸断，造成前后运输梗阻，工人们为了争取解放战争的早日胜利，克服重重困难，保障大军顺利过江的动人故事。

影片通过老梁和老侯头两个工人形象的塑造，表现了工人阶级拥护共产党、战胜困难支援解放战争的热忱，歌颂了他们崭新的劳动态度和巨大的创造力。

我还知道许多反映劳动者题材的经典电影，像《渔光曲》《创业》《鸿雁》《骆驼祥子》《孔繁森》等等。

《劳动铸就中国梦》

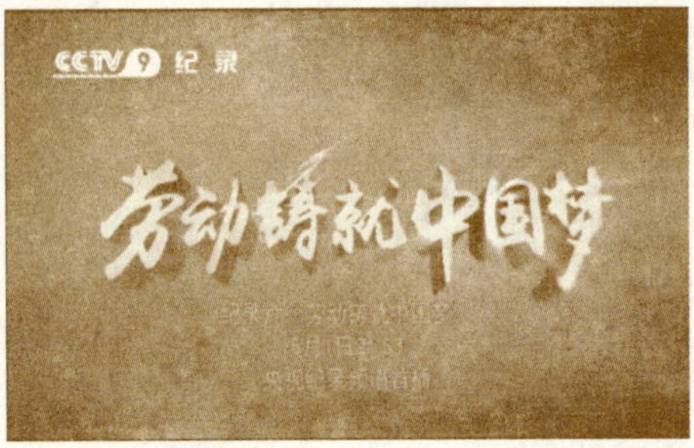
CCTV 9 纪录
劳动铸就中国梦

这是由中共中央宣传部组织拍摄的六集电视政论片，于2015年国际劳动节期间在中央电视台财经频道、综合频道、纪录频道连续播出。该片共六集，分别为：劳动改变命运、劳动创造财富、劳动点亮智慧、劳动提升品质、劳动缔造幸福、劳动彰显国魂。围绕“劳动托起中国梦”的主题，以多种艺术手法，深入阐释“劳动是人类的本质活动，劳动光荣、创造伟大是人类文明进步规律”的深刻道理。全片直面现实问题，讲述劳动故事，充分运用电视画面、场景、细节，展现劳动者内心世界的真实感受。

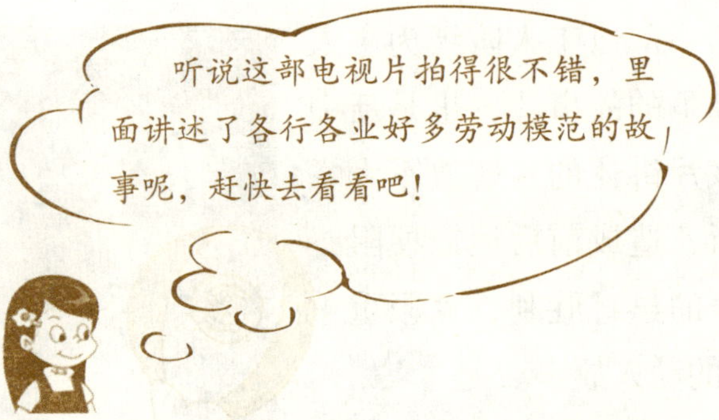
听说这部电视片拍得很不错，里面讲述了各行各业好多劳动模范的故事呢，赶快去看看吧！

全国五一劳动奖章

全国五一劳动奖章，是中华全国总工会授予在中国特色社会主义建设中做出突出贡献的劳动者和企事业单位、机关团体的光荣称号，是中国工人阶级最高奖项之一。由省、自治区、直辖市总工会和全国产业工会申报，经中华全国总共工会审定批准。本奖章主要集中在五一劳动节期间颁发，平时也有少量颁发。

《拾穗者》

《拾穗者》是最能代表米勒风格的一件作品，它没有表现任何戏剧性的场面，只是描绘了秋季收获后，人民从地里捡拾剩余麦穗的情景。

画面的主体是三个弯腰拾麦穗的农妇，她们的动作富于连贯性，沉着有序，布置在画面左侧的光源照射在人物身上，使她们显得越发结实而有忍耐力，或许长时间的弯腰劳作已经使她们感到累了，可她们仍在坚持。尽管脸部被隐去了，而她们的动作和躯体更加富于表情——忍耐、谦卑、忠诚。

超链接

歌曲集锦

- 《咱们工人有力量》
- 《劳动最光荣》
- 《勘探队员之歌》
- 《纺织姑娘》
- 《我为祖国献石油》
- 《军民大生产》
- 《太阳出来喜洋洋》
- 《渔光曲》
- 《在希望的田野上》
- 《船工号子》

名人名言

社会主义制度的建立给我们开辟了一条到达理想境界的道路，而理想境界的实现还要靠我们的辛勤劳动。

——毛泽东

劳动是社会中每个人不可避免的义务。

——卢梭

劳动是财富之父，土地是财富之母。

——威廉·配第

我知道什么是劳动：劳动是世界上一切欢乐和一切美好事情的源泉。

——高尔基

劳动是人类存在的基础和手段，是一个人在体格、智慧和道德上臻于完善的源泉。

——乌申斯基

小读者，一起了解了这么多有趣的知识，赶快挑选一个自己最感兴趣的和小伙伴们分享吧！
我想从现在做起，做一个爱劳动的好孩子，主动帮父母做一些力所能及的事情。

活动集锦

五一国际劳动节，为了纪念这个全世界劳动人民团结战斗的劳动者的节日，世界各国一般都会举行相应的庆祝活动，并且呈现出不同的形式。不过，并不是所有国家都将5月1日定为劳动节，那些同过“五一”的国家，具体的庆祝方式和习惯也不尽相同。这一天，世界各国又是怎么度过的呢？

中 国

在中国，“五一”节，全国放假一天，举国欢庆。

表彰大会 全国五一劳动奖表彰大会，各地表彰劳动模范和先进工作者大会，在这一天举行。奖励在社会主义各项建设事业中做出突出贡献者，表彰在各行各业中涌现出来的劳动模范、先进个人和先进集体，以弘扬劳模精神。

文娱活动 举办丰富多彩的文化活动、文艺会演，展现职工风采；慰问劳动模范、展现劳动者风采，让劳动者们一起欢度自己的节日。

商家促销 无论是网络电商还是线下实体店，都会举行大型促销活动，刺激消费。

旅游休闲 对于工作者来说，想休假旅游的机会很少，五一劳动节的3天小长假，不少人会选择出游。

五一
劳动人民最光荣

短信祝福 经常的忙碌状态不利健康，人们通常也在五一期间选择短信问候，互相提醒注意休息，劳逸结合。

超链接

“五一”小长假

1999年9月，国务院改革出台新的法定休假制度，每年国庆节、春节和“五一”法定节日加上调休，全国放假7天。从此，三个“黄金周”成为我国经济生活的新亮点。2007年12月14日，中国国务院第二次修订《全国年节及纪念日放假办法》，将春节放假起始时间由农历年正月初一调整为除夕；“五一”由7天调整为3天，减少4天；清明、端午、中秋增设为法定节假日。2008年起，“五一”黄金周变为“五一”3天小长假。

美　国

五一国际劳动节发端于美国，但美国人却把自己的劳动节定在9月的第一个星期一，是夏天最后一个长周末大假的一部分，全国民众可以连续休息三天。

1882年9月5日，首次劳动节游行在纽约举行。工会选定这一天作为节日，是因为它正好是美国独立日和感恩节的中点。这个想法得到了全国范围的响应。

现在，劳动节作为工人节日的色彩淡化了，对许多美国人来说，劳动节的到来更多是意味着夏季的结束，同时也是举行派对、聚会和体育盛事的时间。

为纪念美国劳动节由来的不易，现今工会仍举行纪念活动。

法　国

与世界上许多国家一样，法国每年都庆祝五一国际劳动节。但对法国人来说，这一天不仅是公共假日，还是传统的铃兰节。

铃兰是一种如响铃状的白色小串花，在法国，它被视为幸福、希望的象征。法国人深信，铃兰会让爱神眷顾、会让人走运！

在5月1日，将代表好运的铃兰花当作礼物赠送的传统在法国由来已久。1889年7月，“第二国际”在巴黎成立，大会宣布将5月1日定为国际劳动节。第二年的5月1日，巴黎人民上街游行，在衣服上都别上一个红三角，代表他们的三种诉求：劳动、休息、娱乐。后来，他们用系红丝带的铃兰代替红三角，从此铃兰花在法国成为国际劳动节的一种象征。这一天，法国大城市里处处卖铃兰，人人送铃兰。

德　国

德国的“五一”节也是一个传统节日。德国人认为，在经历了漫长的冬天和变化无常的春天之后，5月又开启了新的希望。5月1日前夜在德国被称之为“瓦普几斯”之夜，人们都会身着盛装载歌载舞，迎接5月的到来。

这对于严肃沉静的德国人来说，可能是难得的轻松日子。此外，在这一天，德国许多乡镇都有竖“五月树”的习俗。“五月树”不仅与爱情有关，还象征了丰收和生命力，所以每年5月1日，人们有到“五月树”下面围着圈跳舞、吃香肠、喝啤酒祈祷丰收的传统。

但对于德国的一些组织来说，五一国际劳动节是游行和集会的传统日子。

俄罗斯

1Мая - Праздник Весны и Труда!

五一国际劳动节，在俄罗斯是一年当中一个非常重要的节日。这一天，俄罗斯各主要政党和工会组织都在全国各地举行游行和集会，成为节日里一道亮丽的风景。一般来说，“五一”游行的队伍要先穿过城市的主要街道、广场，最后在古老的或者宽阔的中心广场举行大型集会和庆典。除政府统筹的庆祝活动外，各种不同政见的非政府组织、劳工团体，都会在这一天自发举行各种庆祝活动，既可以借这个机会充分阐述各自的政见，又能扩大本组织的影响。

劳动节对于俄罗斯普通老百姓来说，已经变成放松心情的假期，俄罗斯劳动节全国放假三天，每年全国共有上千个城市举行庆祝活动。

日　本

日本是一个节日比较多的国家，5月1日前后的节日就很多，依次相邻的几个节日分别是：4月29日植树节、5月3日宪法纪念日、5月4日国民休息日、5月5日儿童节。这些假日连起来，一般日本人至少有一周休息时间，最长的甚至达11天。所以，有日本劳动节逢“黄金周”的说法。

对工薪阶层来说，这个长假的意义不同寻常。在日本，劳动节专门的庆祝活动也日渐被“五一黄金周”所取代。

一样的劳动节，不一样的习俗，真是丰富多彩！小读者，知道了世界各国过五一劳动节的不同方式，快和小伙伴们说一说你对哪个国家的劳动节最感兴趣，为什么？

小读者，每一位劳动者都在自己的岗位上创造着成果，收获着喜悦！让我们行动起来，一起用双手创造美好的明天！

我们为劳动者欢呼，我们要珍惜这幸福的生活！我想……

我的摘录

我的收获

我的创意设计

小读者，读到这里，我想你一定对劳动有了由衷的热爱。请你为自己设计一个有意义的劳动计划吧！

心灵驿站

到站了，休息，休息！

劳动，装点着祖国的繁荣；

劳动，描绘了美好的前景；

劳动，酿造了甘甜的美酒。

劳动，让生活充满阳光；

劳动，让世界更加美好；

劳动，是我们时代的主旋律。

亲爱的同学们，让我们沐浴着阳光雨露，热爱劳动，积极投身劳动，让劳动之美呼唤心灵之美，让劳动之美收获创造之美！行动起来吧，从我做起，从现在做起！

第六站

“五四”，一首青春之歌

亲爱的小读者，在中国历史上，有一个不可忽视的时间坐标——“五四”，对今天的人而言它不只是一个节日，也不是几个名词能讲清楚的。

“五四”是什么，什么是“五四”？5月4日这一天究竟发生过什么？为什么至今人们对它的功过是非仍众说纷纭？

今天的你们想成为怎样的青年呢？近一个世纪过去了，现在就让我们一起深度了解“五四”吧。

这一天……

历史回放

五四青年节的来历

五四青年节是为纪念1919年5月4日中国学生爱国运动而设立的节日。

1919年5月4日，北京的青年学生为了抗议帝国主义国家在巴黎和平会议上支持日本对我国的侵略行动，举行了声势浩大的游行示威，这一行动后来得到了中国各地学生及各界的广泛支持，最终演变成了全国性的罢市、罢工、罢课活动，形成了全国规模的爱国运动。

五四运动表现了中国人民捍卫民族独立与争取民主自由的坚强意志，标志着中国新民主主义革命的开始。

为了继承和发扬五四运动以来中国青年光荣的革命传统，1939年，陕甘宁边区的西北青年救国联合会规定5月4日为青年节。1949年12月，中央人民政府政务院正式宣布5月4日为中国青年节。

读了这段文字，你有没有被当时青年的爱国情绪所感染？
我想和小伙伴们分享自己的阅读体会。

小知识

巴黎和平会议：是第一次世界大战结束后的1919年，胜利的协约国集团为解决战争所造成的问题以及奠定战后的和平而召开的会议。

新民主主义革命：从1840年到1949年统称为中国民主主义革命时期。其中，1840—1919年称为旧民主主义革命时期，1919—1949年称为新民主主义革命时期。

陕甘宁边区：是抗日战争时期，中国共产党在陕西、甘肃和宁夏三省交界地区建立的抗日根据地。

超链接

五四精神

五四精神的核心内容为：爱国、进步、民主、科学。爱国主义是五四精神的源泉，民主与科学是五四精神的核心。

五四精神代表着诚实的，进步的，积极的，自由的，平等的，创造的，美的，善的，和平的，相爱互助的，劳动而愉快的，一种青春的赞歌。

五四精神就是升华了的爱国精神。

人物点击

“五四”英烈第一人——郭钦光

在五四爱国运动中第一个牺牲者是北大学生郭钦光。每当与人说起近代衰败的中国政治、凶狠的帝国主义列强侵略，郭钦光就痛恨不已，悲愤交加。有一次，在开“国耻大会”声讨袁世凯的卖国罪行时，郭钦光慷慨（kǎi）激昂地发表演讲，因为难以抑制爱国情绪竟然当场吐血。郭钦光经常对同学谈到“国危而俗偷，不如早死”，早就立下以死报国的志向。1919年5月4日那天，郭钦光奋勇先行，冲向赵家楼搜寻卖国贼，遭到曹汝霖卫兵暴力镇压，心中激愤难平，当场呕血不止。被送进医院，抢救无效死亡。郭钦光的牺牲，激发了全国学生的义愤。

五四运动时期的总司令——陈独秀

陈独秀，字仲甫，安徽怀宁人。新文化运动的倡导者之一，中国共产党早期的主要领导人。

1915年9月15日，陈独秀主撰的《青年杂志》（后更名为《新青年》）创刊。由于《新青年》以科学与民主的思想惊醒了长期被束缚于封建桎梏中的一代青年，因而成为新文化运动的阵地，点燃了至今不灭的思想解放的火炬，陈独秀也被毛泽东誉为"五四运动时期的总司令"。

陈独秀在五四运动期间最为轰动的表现是起草并亲自散发了著名的《告北京市民宣言》，提出了取消对日密约、罢免卖国官吏、保障市民集会言论自由等"最后最低之要求"。

摇动"五四摇篮"——蔡元培

提起"五四"，人们首先会想起蔡元培。他是我国近代史上著名的民主革命家，为振兴中华培养了一批批英才的杰出教育家。他于1917年1月4日出任北京大学校长，因提倡"思想自由"而使北京大学精英荟萃，成为五四爱国运动的发祥地。

"五四"那天北大学生整队出发游行，他并没有力阻。当时教育总长曾给他打电话，令他负责召回学生，并立即赴教育部商量对策。当晚，蔡元培回北京大学商讨营救被捕学生事宜。

5月7日，北京政府迫于舆论压力决定释放学生。5月9日，蔡元培引咎辞职，秘密出京。五四运动取得光辉胜利后，在北大师生及各方人士的强烈要求之下，蔡先生于9月12日由杭州返回北京，重新主持北大校务。

超链接

青年是一个美好而又一去不可再得的时期，是将来一切光明和幸福的开端。

——加里宁

自信和希望是青年的特权。

——大仲马

青年时代是培养习惯、希望和信念的一段时光。

——拉斯金

一个懒惰的少年将来就是一个褴褛的老年。

——英国谚语

经典呈现

从1919年到2016年，“五四运动”距今已97年。在将近一个世纪的时间里，不同年代均有影视作品试图对“五四”精神进行解读。在每一次解读的努力背后，又不可避免地带有相应时代的印记。

中国青年五四奖章

5·4

中国青年五四奖章，是中国共产主义青年团中央、中华全国青年联合会共同授予中国青年的最高荣誉。

原则上每年五四青年节授予，有特殊贡献者，可以随时授予。

从2007年开始，评选“中国青年五四奖章标兵”，该荣誉主要授予在社会主义现代化建设中表现突出、做出重大贡献的先进青年，每年表彰人数在10人左右。“中国青年五四奖章”系列奖项是共青团中央、全国青联授予青年和青年集体的最高荣誉。

不定期评选“中国青年五四奖章集体”，该荣誉主要授予在社会主义现代化建设中事迹突出、社会影响广泛、典型示范作用强、以青年为主要成员的先进集体。

“五四”纪念碑

2004年，北京师范大学复修建了“五四”纪念碑。以纪念85年前北师大的青年学生与北京大学等校的学生一起为救国图强、振兴中华，勇敢地掀起了轰轰烈烈的五四爱国运动。

“五四”广场

青岛市有个“五四”广场，1919年爆发的伟大的反帝爱国运动——五四运动的导火索是青岛的主权问题。在中国人民的英勇斗争下，终于在1922年12月12日收回了青岛主权。鉴于青岛与五四运动这一特殊的关系，青岛市决定将新建广场命名为“五四广场”。标志性雕塑“五月的风”，以螺旋上升的风的造型和火红的色彩，体现了五四运动反帝、反封建的爱国主义基调和民族力量。这里已成为新世纪青岛的标志性景观之一。

中国共产主义青年团代团歌

1988年5月，在中国共产主义青年团第十二次全国代表大会上，经与会代表投票表决，由胡宏伟作词的《光荣啊，中国共青团》被最终确定为中国共产主义青年团代团歌。在中国共产主义青年团第十三次代表大会上通过决议。

听，嘹亮的歌声响起：

我们是五月的花海，用青春拥抱时代；
我们是初升的太阳，用生命点燃未来。
“五四”的火炬，唤起了民族的觉醒，
壮丽的事业，激励着我们继往开来。
光荣啊，中国共青团，
光荣啊，中国共青团，
母亲用共产主义为我们命名，
我们开创新的世界。

《我的1919》

影片以1919年的巴黎和会为背景，讲述了代表国民政府的外交家顾维钧拒绝在《凡尔赛和约》上签字的故事。在此之前，大陆的“五四”电影鲜以国民党员的视角叙事。《我的1919》一片中，即使在“弱国无外交”的游戏规则下，外交家顾维钧也敢于第一次对列强说“不”。

《青春之歌》

《青春之歌》是杨沫的第一部长篇小说，后被改编成电影、电视剧、歌剧等。主人公林道静出身于大地主家庭，但她不甘心当封建地主的小姐，不甘心当官僚特务的玩物，在她不断为个人的命运挣扎时，却遭到了一连串的打击。面对重重的挫折打击，林道静并没有放弃，尽管前行的路

青春之歌

充满坎坷，尽管她知道这条路艰辛异常，可她只当这些打击、坎坷是丰富人生的元素，从没放弃自己的努力。

透过主人公林道静的成长和进步，我们能够感受到在这场历史大风暴中，与我们相同的年纪，可他们却有着不一样的青春。

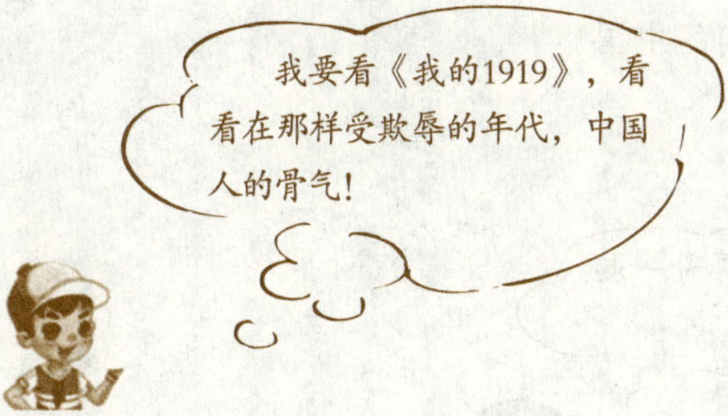
我要看《我的1919》，看看在那样受欺辱的年代，中国人的骨气！

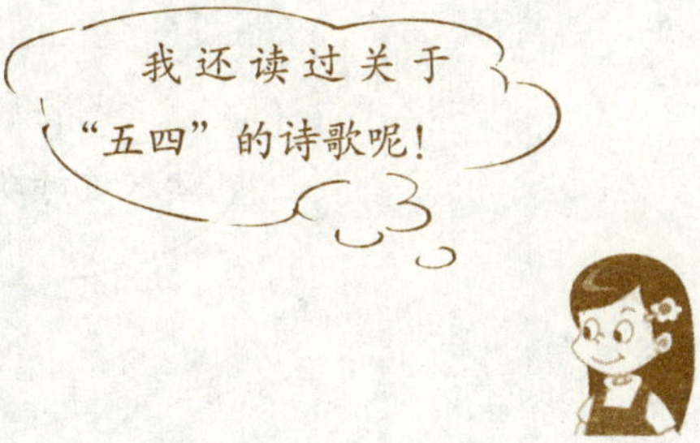
我还读过关于“五四”的诗歌呢！

“五四”诗歌

青年时参加五四运动的著名诗人闻一多，写下很多反映当时社会现实的诗歌。

一句话

闻一多

有一句话说出就是祸，
有一句话能点得着火。
别看五千年没有说破，
你猜得透火山的缄（jiān）默？
说不定是突然着了魔，
突然青天里一个霹雳

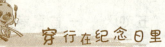

爆一声：
“咱们的中国！”
这话教我今天怎么说？
你不信铁树开花也可，
那么有一句话你听着：
等火山忍不住了缄默，
不要发抖，伸舌头，顿脚，
等到青天里一个霹雳
爆一声：
“咱们的中国！”

我要和哥哥一起读这首诗歌！

超链接

你知道吗？北京大学的校徽是由鲁迅先生于1917年8月设计完成的。“北大”两个篆字上下排列，其中“北”字构成背对背的两个侧立的人像，而“大”字构成了一个正面站立的人像。校徽的设计理念在于，要“以人为本”；校徽的象征意义在于，北大当肩负开启民智的重大使命。

活动集锦

五月，是挥洒青春的季节。青，是生命的颜色；春，是成长的季节。五四运动虽然已成为过去，但五四精神仍存在于当下和未来，它始终激励着我们为中华民族的崛起和祖国的富强而奋斗。在五四青年节来临之际，全国各地广泛开展主题深刻、内容丰富的纪念活动，传承"五四"魂，展现青春风采，传播正能量。

此外，青年们还要集中进行各种社会志愿和社会实践活动，还有许多地方在青年节期间举行成人仪式。

"全国向上向善好青年"推选活动

全国
向上向善
好青年

"全国向上向善好青年"推选活动由共青团中央主办，旨在引导青少年培育践行社会主义核心价值观。为此，面向各行各业和基层一线，寻找推选一批积极传播正能量的身边好青年。活动通过组织推荐和个人自荐两种方式产生候选人，经网友投票和专家评审后，最终推选出100名"全国向上向善好青年"。包括爱岗敬业好青年、创新创业好青年、诚实守信好青年、崇义友善好青年和孝老爱亲好青年五类。第一届"全国向上向善好青年"推选活动于2014年10月启动，2015年五四青年节前揭晓结果；第二届于2016年1月启动，五四青年节前揭晓结果。

五四青年节之团日活动

2016年，五四青年节期间，各级团组织按照团中央统一部署，广泛开展"学党史、知党情、跟党走"主题团日活动。

教育活动 各地团组织紧紧围绕主题，充分利用革命遗址、纪念馆和爱国主义教育基地，集中开展了一系列内涵丰富、形式多样的主题活动，吸引团员青年广泛参与。各级团组织还积极邀请党政领导、专家学者，深入基层、深入青年，广泛开展党史党情宣讲活动。

公益活动 推动团员成为注册志愿者，广泛开展志愿服务活动，是各地主题团日的重要内容。团中央示范带动，组织直属机关全体团员带头成为注册志愿者，成立了团中央直属机关志愿服务队，与企业、社区、农村、学校等基层单位开展结对志愿服务。

文体活动 各地开展的文体活动形式多样、亮点纷呈。五四期间，团中央与中宣部、教育部共同举办了“筑梦青春”——2016年“五月的鲜花”全国大学生校园文艺会演。

线上活动 在网络空间，各级团组织广泛开展青年节在线主题活动。在微博平台上，团中央官方微博主持的“五四青年节”和“学党史、知党情、跟党走”微博话题汇集了各级团组织策划生产的百余条精品主题内容。

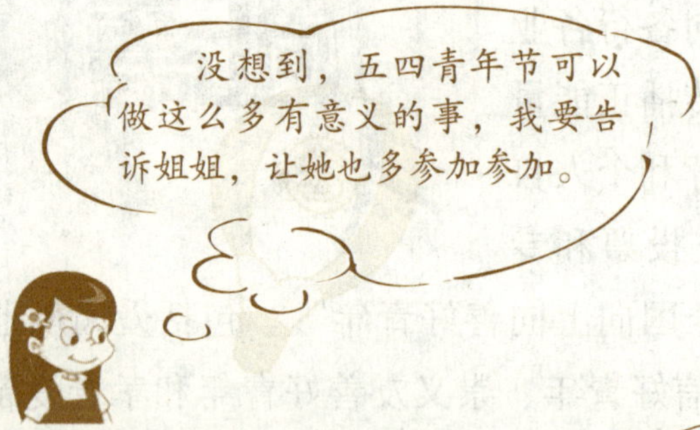
没想到，五四青年节可以做这么多有意义的事，我要告诉姐姐，让她也多参加参加。

是啊，这样的青年才会对国家有用，才会把祖国建设得更加美丽！

超链接

五四青年节演讲稿

亲爱的老师、同学们：

大家好!

五月的春风情深意暖，五月的花海流溢飘香，涌动的春潮，伴着夏韵，在花海灿烂夺目的季节里，我们迎来了五四青年节。

翻开历史的日历，我们仿佛看见那怒形于色的人群正潮水般地涌向天安门前。翻开历史的日历，我们仿佛听见那激越高昂的呼声穿越九十多年的时光隧道清晰地响在耳畔：还我青岛，拒签和约；内惩国贼，外争国权；祖国母亲岂容蹂躏（róu lìn），中华大地怎能被踏践!

此刻，人类已昂首进入了二十一世纪。在这漫长的岁月里，我们伟大的祖国在前进的道路上战胜了衰落，走向振兴，挣脱了屈辱，走向奋起，我们正以崭新的姿态向世人展示着自己的精魂。然而，人们不会忘记那划时代的民族青年救国的五四爱国运动，更不会忘记那举起民族救国之旗帜，开创民族独立和民族振兴新纪元的先驱者，我们不会忘记革命战争的烽火硝烟，更不会忘记为真理而抛头颅洒热血的英烈们。今天，我们的祖国已经进入了一个崭新的历史时期，振兴中华的责任，已经落到我们肩上，"五四"火炬已经光荣地传到我们手中。

"我们是五月的花海，用青春拥抱时代。我们是初升的太阳，用生命点燃未来。五四的火炬，唤起了民族的觉醒。壮丽的事业，激励着我们继往开来。光荣啊，中国共青团!母亲用共产主义为我们命名，我们开创新的世界。"当我们戴着光芒四射的团徽，站在火红的团旗下，高唱我们自己的团歌，心中怎能不为之激动，怎能不为之骄傲，怎能不为之自豪!"爱国，爱党，爱人民，爱家乡，爱我们蒸蒸日上的校园"这个坚定的信念在我们脑海中回荡!正是在党的旗帜的指引下，我们和千万个各条战线上的青年模范一起，演绎了一幕幕惊天地、泣鬼神的青春话剧，谱写了一曲曲壮丽雄浑的青春赞歌!

我的摘录

我的收获

我的创意设计

小读者，请你也来想一想，用什么样的形式来纪念“五四”，也许是一幅画，也许是一座雕塑，也许是一首歌，也许是……请把你的想法画一画，写一写，为这伟大的一天添上自己的色彩吧！

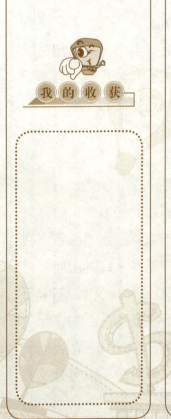

心灵驿站

到站了，休息，休息！

"五四"是一支歌，是理想和激情的交响。

"五四"是一首诗，是历史和今天的辉映。

朝气蓬勃的青年人啊，是青年的中国魂。用呐喊和热血融化祖国的山河，救亡图存，拳拳爱国心，振兴中华，民族复兴，一路走来……

"五四"，像划过夜空的闪电，劈裂沉闷的黑暗，用思想的火种去重燃祖国的希望。一九一九已过，而青春依旧，它属于燃烧，属于追求，属于真理，属于进步。今天我们还能听到年轻的声音响彻天际，让世界赞叹不已！

五月是多么令人向往，值得赞美！

第七站

"六一"，多彩的节日

"六一"是童年的摇篮。

"六一"是童年的梦乡。

亲爱的小读者，你一定喜欢过六一儿童节吧！这一天，我们可以挥动彩笔尽情描绘；这一天，我们可以穿上礼服开心舞蹈；这一天，我们可以和着节拍纵情高歌……孩子，你想知道"六一"的来历吗？想了解各国小伙伴们过"六一"的多彩方式吗？快和博博、文文一起穿行在文字里，漫游在故事中尽情阅读吧！

历史回放

儿童节的来历

国际儿童节，也叫“六一国际儿童节”。“儿童节”在每年的6月1日庆祝，是全世界少年儿童的节日。儿童节是孩子们最快乐的日子，孩子们兴高采烈地欢度着自己的节日，但是，很少有人知道这个快乐节日的设立，和发生在二战期间的一次屠杀——利迪策惨案有关。

1942年6月，德国法西斯枪杀了捷克利迪策村的全部婴儿，并把90名儿童押往集中营。村里的房舍、其他建筑物都被烧毁，好端端的一个村庄就这样被德国法西斯给毁了。

为了悼念所有在战争中死难的儿童，反对虐杀和毒害儿童，保障儿童权益，1949年11月，国际民主妇女联合会在莫斯科召开执委会，决定每年的6月1日为国际儿童节。

世界上许多国家都将6月1日定为儿童的节日。新中国成立后，中央人民政府政务院于1949年12月23日规定，将中国的儿童节与国际儿童节统一起来。

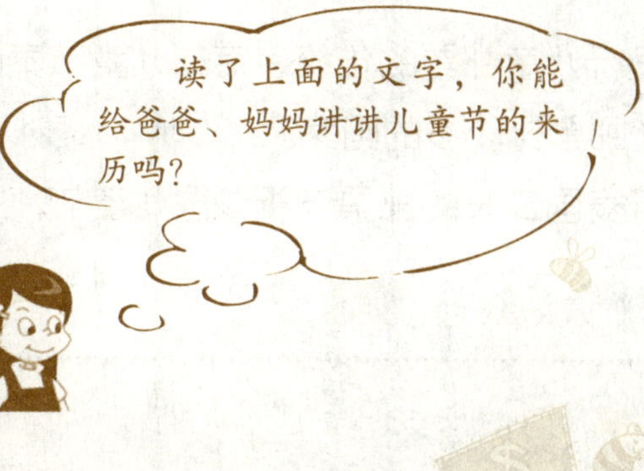
读了上面的文字，你能给爸爸、妈妈讲讲儿童节的来历吗？

小知识

集中营：类似于监狱的大型关押设施。

悼念：对死者沉痛地怀念。

虐杀：指虐待人而致死。

权益：指公民受法律保护的权利和利益。

说一说

博博：我知道了六一儿童节是全世界儿童共同的节日，它也叫六一国际儿童节。

文文：我还想了解一些有关六一儿童节的故事。

我也说说：

超链接

邮票上的儿童节

国际儿童节是保障世界各国儿童生存权、保健权和受教育权，为了改善儿童的生活，为了反对虐杀和毒害儿童的节日。儿童节自确定以来，受到许多国家的重视，为纪念儿童节，一些国家为该节日发行过不少邮票。

其题材大多是：拒绝战争和暴力、呼吁爱护与安全、崇尚知识与文明的儿童画和儿童照片、名家名画、著名的卡通形象或卡通故事等。

中国　在我国以往发行的众多节日专题邮票当中，儿童节系列邮票是发行最多的一种。我国儿童节邮票的选题，以反映儿童生活的画面最多。

CHILDREN'S DAY
25
भारत INDIA

印度　论儿童节邮票的数量和质量，印度堪称世界第一。因为印度第一位首相杰瓦哈瑞尔纳布十分重视和喜爱儿童，所以印度邮政发行了上千枚儿童节邮票，主要以天真可爱的儿童照片和憨态可掬的儿童画为题材。

泰国　有着在儿童节发行儿童邮票的传统，每年儿童节泰国邮局都会发行邮票，也是发行儿童邮票比较多的国家。

2013年泰国邮政局发行泰国最长的邮票庆祝该国儿童节，主题是东盟经济共同体。儿童所穿戴的服饰分别为东盟十国民族服饰。儿童图像旁边还印有本国国旗。

ประเทศไทย THAILAND
NATIONAL CHILDREN'S DAY 2013
5

独联体国家 苏联解体后，独联体国家对儿童节发行邮票依然重视。2005年乌克兰邮政发行的一套三连邮票，名称是“儿童是我们的未来”，三票图案的内容分别为：“向毒品说不！”“绿灯安全”“孩子不应无家可归”。邮票设计别致、印制精良，外观形式为不同图案的三连票，堪称一绝。

70
2005
НАРКОТИКАМ
70
2005
70
2005
ПОДАЙ РУКУ ДОПОМОГИ
ЧУЖИХ ДІТЕЙ НЕМАЄ!

捷克斯洛伐克 即后来的捷克共和国、斯洛伐克共和国，虽然时过境迁，如今已是两个国家，但数十年来每年发行儿童画邮票纪念国际儿童节的传统一直没变过，对于儿童的爱护始终如一。1962年发行了邮票纪念科迪策惨案20周年——列扎克废墟上长出的花。

ČESKOSLOVENSKO
60h
ČERVEN
LEŽÁKY

人物点击

宋庆龄 曾经担任过中华人民共和国副主席、名誉主席，被海内外公认为20世纪最伟大的女性之一。新中国成立后，她把更多的精力投入儿童的文化、教育、卫生与福利事业中。她曾说："一切工作和努力的结果，归根结底，应该使儿童的健康和福利得到改善，这是适用于每一个地方每一个人的生活的一条规律。"宋庆龄特别关注少年儿童的成长，她倡导兴办了中国福利会等儿童文化教育机构，《儿童时代》杂志也是在她的关心下创办的。

希拉里·克林顿 是美国律师、政治家，美国第42届总统比尔·克林顿的妻子。大学刚毕业的希拉里就放弃高薪工作，选择去保护儿童基金会上班，她创办了阿肯色儿童与家庭事务所，还从以色列引进了一个向全阿肯色州贫困家庭提供学前教育的一流项目。在8年白宫生涯中，希拉里积极参与政事，负责国家医疗保健改革，推动国会通过国家儿童健康保险项目……1996年，希拉里阐明要动员大家的力量使社会成为一个地球村，以此来帮助所有的孩子健康、快乐、活泼地成长。

冰　心 原名谢婉莹，冰心是她的笔名，取自"一片冰心在玉壶"。冰心是我国著名诗人、散文家、翻译家、儿童文学作家。她一生写了许多儿童作品，如《小桔灯》《寄小读者》《再寄小读者》等等。她的作品常常采用与少年儿童促膝谈心的方式，以亲切、委婉的语调，述说自己生活中的见闻和内心的感受，叙述风格有趣、娓（wěi）娓动听，就像有一种魔力吸引着小读者。她在倾吐自己的感受时，情感淳厚，意绪绵绵，幽幽地牵动了少年儿童的心，促使读者在激动、快乐、振奋中，不知不觉地受到作品所表现的主题思想的启迪，从中受益。

对少年儿童进行爱国主义教育，启发少年儿童的民族自尊心、民族自豪感，是冰心儿童文学作品中的一个重要内容。但是，冰心的作品并不是直接论述我们的祖国如何伟大、怎样可爱、为什么应该爱国等等，而是以精巧的构思和生动的情景，抒发对祖国的爱。

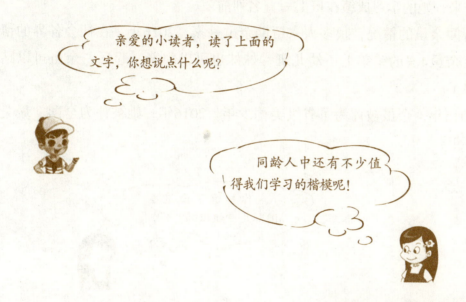

亲爱的小读者，读了上面的文字，你想说点什么呢？

同龄人中还有不少值得我们学习的楷模呢！

余　虽　2003年7月生，家住贵州省从江县东朗乡摆德村，是摆德小学学生。因母亲常年生病，家境贫寒，9岁才入学的她，2016年刚好上三年级。

13岁对于大多数孩子来说，应该是每天上学，跟小伙伴们玩耍，在父母长辈的呵护下快乐成长。可是这些，对于余虽来说，是种奢侈。为了完成母亲临终前的嘱托——照顾好弟弟妹妹，她从10岁起就用稚嫩的双肩，撑起了全家人的希望。

余虽原本有一个幸福的家庭，可在2013年，余虽的妈妈在生下妹妹后不久得重病，当年就离开了人世。那时，余虽只有10岁。妈妈走后，爸爸早出晚归干活养家，余虽就担起了家里的所有家务：洗衣、做饭、喂家禽牲畜、给弟弟妹妹喂水喂饭。之后，爸爸病倒了，生病住院期间，余虽就成了家里的顶梁柱，用瘦弱的肩膀撑起了这个家。

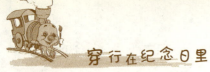

10岁，正是读书的时候。余虽天天带着弟弟妹妹去上学，背上背一个、手里牵一个，书包里除了书本，还有弟弟妹妹的衣裤和换洗尿片。这一带，就是3年。因为家庭情况特殊，耽误了很多学习时间，余虽比其他同学付出的努力更多，大多都是利用课余和家务之外的时间来补习她的功课。自入学以来，她的学习成绩在班上一直名列前茅。

听闻余虽的情况，很多人来帮助余虽一家。2016年，在社会各界的帮助下，余虽4岁的弟弟上了幼儿班，妹妹也可以跟着一起玩，余虽可以踏实上课了。

2015年，余虽被评为了省级美德少年。2016年，她被评为全国“最美孝心少年”。

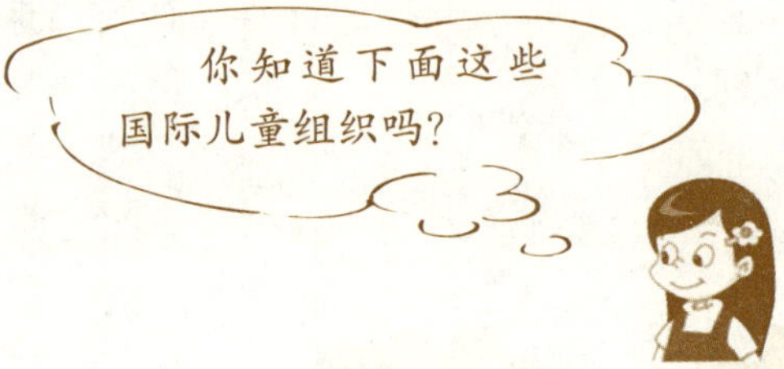
你知道下面这些
国际儿童组织吗？

超链接

- 保护儿童国际
- 儿童接种疫苗倡议组织
- 国际儿童权利法庭
- 国际儿童福利联合会
- 世界儿童议会
- 国际弱智儿童和青年工作者协会
- 国际SOS儿童村组织
- “微笑行动”组织
- 国际儿童和青少年组织理事会
- 世界儿童日基金会
- 国际少年和家庭法院法官协会
- 国际儿童读物联盟

经典呈现

《祖国的花朵》

优秀儿童故事片
把中国最优秀的电影珍藏在家中
祖国的花朵
VCD

这是新中国第一部正面反映校园生活的影片。影片通过一所小学五年级学生之间共同进步的故事，塑造了各具特色的儿童形象，展示了20世纪50年代早期学生与学生之间的团结友爱之情，充满清新的时代感。它既是新时代小主人幸福生活的画卷，更是社会主义新中国道德风貌的颂歌。

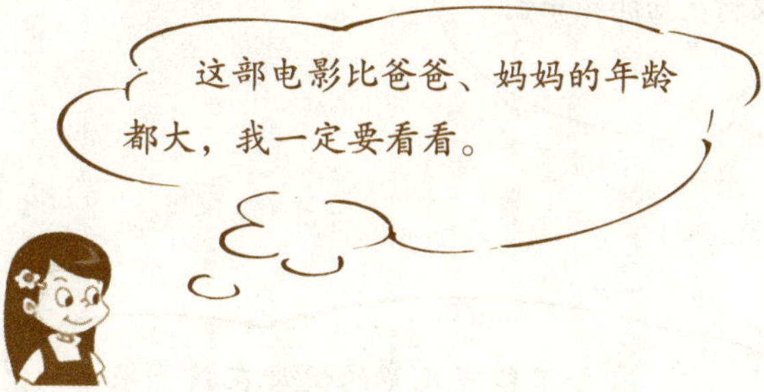
这部电影比爸爸、妈妈的年龄都大，我一定要看看。

《当着落叶纷飞》

当着落叶纷飞

这本书通过主人公沙莎的日记和信，记录了留守儿童沙莎的“草样年华”，生动地展现出沙莎的敏感、无奈和对爱的渴望。农民工外出打工的辛酸与留守儿童对父母的思念之情，在朴实无华的语言衬托下更打动人心，使人潸然泪下。

《会说话的风筝》

这是一部反映农村小学生学习、生活，展现农村朴素乡俗民情的故事片。故事发生在赣（gàn）西仙女湖畔一个依山傍水名叫月兔村的地方，这里生活着一群活泼可爱的孩子，他们热爱学习，崇尚科学，用自制的会说话的风筝宣传科学，反对农村愚昧陋习。

我知道留守儿童是指那些父母双方或一方外出到外地打工，而自己留在农村生活的孩子们。

我知道留守儿童的父母在孩子很小的时候就背井离乡去城里打工，好多年才回一趟家。

让我们荡起双桨

词：刘 炽

让我们荡起双桨，
小船儿推开波浪，
海面倒映着美丽的白塔，
四周环绕着绿树红墙。
小船儿轻轻飘荡在水中，
迎面吹来了凉爽的风。

红领巾迎着太阳，
阳光洒在海面上，
水中的鱼儿望着我们，
悄悄地听我们愉快歌唱。
小船儿轻轻飘荡在水中，
迎面吹来了凉爽的风。

轻轻地朗诵这首歌词，就像是吟诵一首优美的诗歌。

做完了一天的功课，
我们来尽情欢乐，
我问你亲爱的伙伴，
谁给我们安排下幸福的生活。
小船儿轻轻荡在水中，
迎面吹来了凉爽的风。

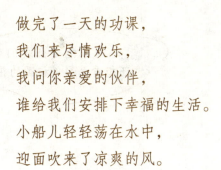

爸爸、妈妈也会唱这首歌呢！全家一起唱唱吧！

超链接

《让我们荡起双桨》这首由刘炽作曲、乔羽作词，旋律优美、节奏轻快的歌曲，创作于20世纪50年代，横跨半个世纪，影响了足足三代少先队员；并于2002年被选入北师大版小学三年级语文课本。

这首歌在50年代可谓是红遍华夏大地，可以说无人不知，无人不晓，深受大家喜爱。它实际上是电影故事片《祖国的花朵》中的主题曲。这部电影是长春电影制片厂1955年摄制完成的，是新中国的第一部儿童影片。

小读者，了解了这么多的影视、文学作品，赶快为自己挑选一部作品去看看吧！
我想唱《让我们荡起双桨》，还想看电影《祖国的花朵》。
我想……

活动集锦

儿童是国家的未来，是民族的希望。创造良好的家庭、社会和学习环境，让儿童健康、快乐、幸福地成长，一直是世界各国努力的目标。每年的国际儿童节，世界各国的儿童们会以不同的方式来度过，让我们一起到文中看看吧！

中　国

"六一"的天空湛蓝如水，"六一"的歌声甜美如蜜；美丽的梦想悄悄绽开，美好的祝福轻轻飘逸；幸福洋溢脸庞，欢乐跳跃沸腾……唱呀，跳呀，尽情happy!

国际儿童节这天，一年级的小朋友们会穿上整齐的服装，参加入队仪式，由高年级的哥哥、姐姐为他们佩戴上鲜艳的红领巾，从这天起他们就是一名光荣的少先队员了。听着队呼，唱着队歌，在队旗下宣誓，做一名爱祖国、爱人民的好孩子。

为了庆祝儿童节，学校会组织孩子们参加各种形式的文艺会演。同学们化上装，穿上漂亮的表演服，在"六一"这天为小伙伴们、家长、老师展示自己的才艺。"六一"的校园热闹非凡，"六一"的舞台别样风采。同学们有的唱歌，有的跳舞，有的表演快板，有的三五成群地表演创意模特秀……那情景别提有多热闹了！

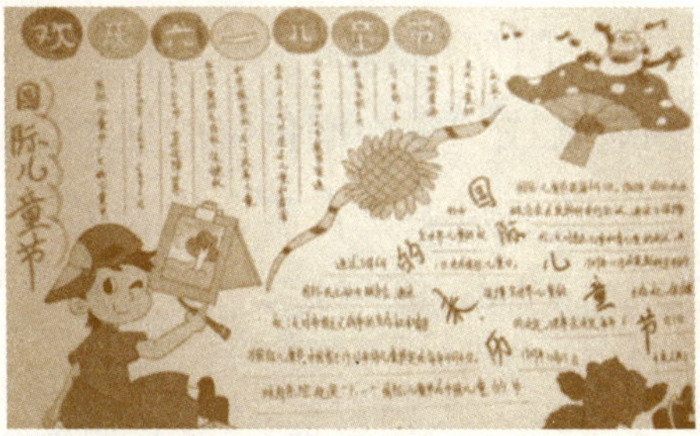
欢度六一儿童节
国际儿童节

为了丰富同学们的文化视野，有的学校还会组织同学开展文学创作活动。校园成了作品展示的长廊，有创意的手工作品、精美的手抄小报、别致的卡片、动情的小诗创作……都是大家智慧的结晶。

喜欢运动的小伙伴们，还可以在儿童节这天参加趣味运动会：激烈的运球，好玩的拔河，热闹的踩气球，有趣的转呼啦圈……活动应有尽有，非常好玩。

同学们，你喜欢过儿童节吗？

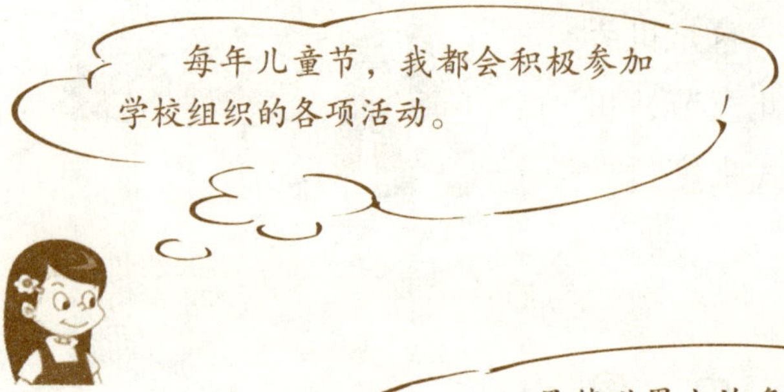
每年儿童节，我都会积极参加学校组织的各项活动。

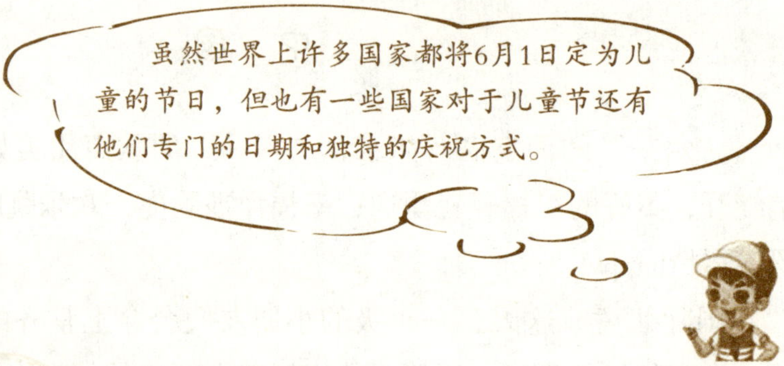
虽然世界上许多国家都将6月1日定为儿童的节日，但也有一些国家对于儿童节还有他们专门的日期和独特的庆祝方式。

日本

日本是世界上庆祝儿童节次数最多的国家，他们一年要庆祝三次儿童节，而且庆祝方式十分有意思，充满了浓浓的日本风情。

3月3日女孩节：这个节日是专门为小女孩设立的。每到这一天，家中有女儿的父母会在家里设置一个陈列台，台上放着穿着日本和服的漂亮女娃娃玩偶，作为给自己女儿的节日礼物。

5月5日男孩节：节日当天，有儿子的家庭，门前都悬挂“鲤鱼旗”，表示鲤鱼跳龙门的意思。鲤鱼旗是用布匹或绸缎裁成“空心鲤鱼”的样子，分黑、红和青蓝三种颜色。黑，代表父亲；红，代表母亲；青蓝，代表男孩自己。家里有几个男孩，门口就悬挂几面青蓝旗。青蓝旗子越多，表示这家的男孩就越多。

11月15日“七五三”儿童节：在日本习俗里，三岁、五岁和七岁是小朋友特别幸运的三个年纪，所以每年的这一天，会专门为这三个年纪的孩子热闹地庆祝一番。这一天，小朋友会穿上最好的传统和服，还会背上一个画了松树、乌龟或鹤等图案的小纸袋，纸袋里装满了父母买的糖果和玩具。穿戴整齐后，父母会带小朋友上神社，祈求并感谢神明给小朋友带来健康和快乐。

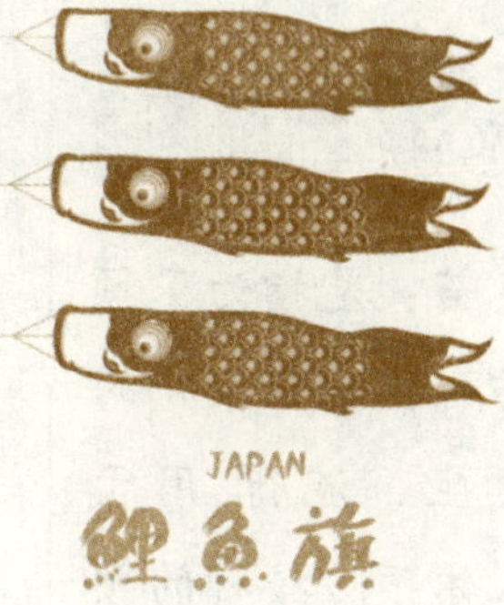
JAPAN
鲤鱼旗

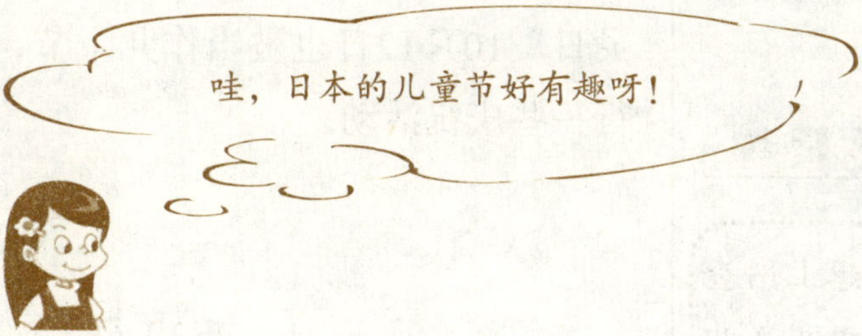
哇，日本的儿童节好有趣呀！

韩 国

韩国的儿童节始于1923年，是从“男孩节”演变过来的，也是韩国的公众假日，每年的5月5日这一天，孩子们可以尽情享受欢乐，父母要给孩子准备他们最想要的礼物。很多孩子也会在这天穿上韩服，体验传统的韩国文化。

哥伦比亚

哥伦比亚将每年的7月4日定为儿童节。在这个节日里，全国的学校都要举行各种生动活泼的庆祝活动，儿童们还常常戴上各式各样的假面具，扮成小丑的样子在街头玩耍，十分开心。

小知识

疫苗：是指为了预防、控制传染病的发生、流行,用于人体预防接种的预防性生物制品。

慰问：安慰问候。

说一说

博博：我想上网查查这些国家儿童节开展的有趣活动。

文文：我还知道一些不同的儿童节：
土耳其：4月23日。
英　国：7月14日。
新加坡：10月1日。
印　度：11月14日。

我也说说：

巴　西

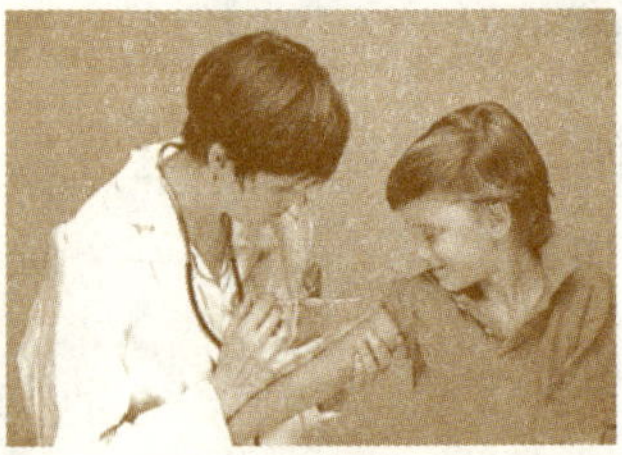

巴西的儿童节在8月15日，这一天正好也是巴西的“全国防疫日”。所以，每到这个日子，各地的医生们都要为孩子们看病，还要给5岁以下的儿童注射预防小儿麻痹症的疫苗，表明政府十分关心儿童的健康。另外，巴西的“圣母显灵日”10月12日也被当作儿童节，那一天全国会举行一些庆祝活动。

西班牙

西班牙的儿童节在1月5日，其实这是一个宗教节日，从西班牙语译过来是“魔术国王之日”的意思。为庆祝这一节日，在1月5日傍晚、6日早晨，西班牙各地都有花车游行。花车上“国王”不断撒出各式糖果来慰问儿童。当游行队伍到达市政府或区政府的大门口时，凡能坐在“国王”腿上的儿童都能得到一件精美的礼品。

小读者，了解了世界各国儿童过六一儿童节的不同方式，快和小伙伴们说一说你对哪个国家的六一活动最感兴趣，为什么？

我喜欢哥伦比亚的儿童节，因为这天我可以戴上古怪的面具，到时候就没人认识我了！嘿嘿！

我喜欢……

我的摘录

我的收获

我的创意设计

小读者，了解了这么多国家不同的儿童节，请你也为我国设定一个特别的儿童日，设计一个有趣的儿童节活动吧！

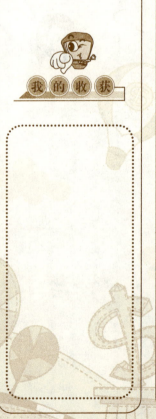

心灵驿站

到站了，休息，休息！

亲爱的小读者：

快乐童年，美好幸福。

穿行于多彩的"六一"节日，感谢一路陪伴的老师、同学、亲友……

成长路上风光无限美好，让我们迎着朝霞播种，踏着夕阳收获！

用知识启迪智慧，让关爱温暖世界，让自信拥抱生活！

用稚嫩的笔迹记录我们生活的点点滴滴，抒写我们美好的童年生活……

第八站

环保，永恒的绿色

亲爱的小读者，地球是人类的母亲，是生命的摇篮。它赐予我们阳光、空气、水、土壤、岩石、矿物、花草树木、鸟兽虫鱼……让我们幸福、健康地成长。可是由于人类随意毁坏自然资源，不顾后果地滥用化学品，造成了一系列生态灾难，给人类生存带来了严重的威胁。

地球只有一个，如果它被破坏了，我们将别无去处。为了不让我们悔恨的眼泪，成为地球上的最后一滴水，联合国和世界各国政府发出呼吁——保护世界环境！让我们带着思考和行动，一起走进“世界环境保护日”。

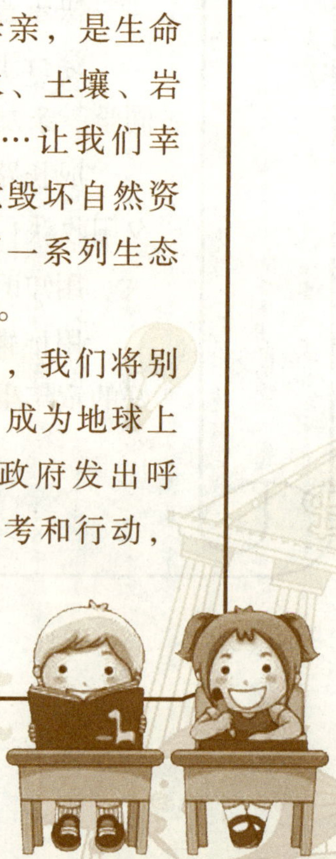

历史回放

世界环境日的来历

20世纪60年代以来，世界范围内的环境污染与生态破坏日益严重，环境问题和环境保护逐渐为国际社会所关注。

1972年6月5日至16日，联合国113个国家和地区的1300名代表在瑞典首都斯德哥尔摩举行第一次人类环境会议。会议通过了著名的《人类环境宣言》及保护全球环境的“行动计划”，提出“为了这一代和将来世世代代保护和改善环境”的口号，各国与会代表积极商讨保护全球环境的对策，并建议联合国大会将“联合国人类环境会议”开幕日——6月5日定为“世界环境日”。

同年10月，第27届联合国大会根据斯德哥尔摩会议的建议，决定设立联合国环境规划署，并确定每年的6月5日为“世界环境日”，要求联合国机构和世界各国政府、团体在每年6月5日前后举行保护环境、反对公害的各类活动。同时联合国环境规划署发表《世界环境状况年度报告书》，并采取实际步骤协调人类和环境的关系。

世界环境日的设立，提醒全世界注意全球环境状况和人类活动对环境的危害，强调保护和改善人类环境的重要性。

亲爱的小读者，通过上面文字的阅读，你能讲清楚世界环境日的来历了吗？

说一说

博博：1968年发生在日本的米糠油事件，造成13000多人眼皮发肿，手掌出汗，全身起红疙瘩，全身肌肉疼痛，咳嗽不止。

文文：1969—1975年，因为过度开发，巴西的森林面积同400年前相比整整减少了一半，巴西东北部因此变成了巴西最干旱、最贫穷的地方。

我也说说：

超链接

威胁人类生存的十大环境问题

（一）全球气候变暖

全球气候变暖
green house effect
20XX

（二）臭氧层破坏

（三）生物多样性减少

（四）酸雨蔓延

（五）森林锐减

（六）土地荒漠化

（七）大气污染

（八）水污染

（九）海洋污染

（十）危险性废物越境转移

亲爱的小读者，你的身边发生过哪些环境遭到破坏的事情？当地政府和人民都采取了哪些保护的措施？

超链接

3月22日
世界水日

世界水日 即每年的3月22日，是为了唤起公众的节水意识，加强水资源保护而设立的。1977年召开的联合国水事会议，向全世界发出严重警告：水不久将成为一个深刻的社会危机，石油危机之后的下一个危机便是水。1993年1月18日，第47届联合国大会做出决议，确定每年的3月22日为“世界水日”。

世界地球日
4.22

世界地球日 即每年的4月22日，是一项世界性的环境保护活动。这一活动最初在1970年的美国，由盖洛德·尼尔森和丹尼斯·海斯发起，随后影响越来越大。活动宗旨在唤起人类爱护地球、保护家园的意识，促进资源开发与环境保护的协调发展，进而改善地球整体环境。中国从20世纪90年代起，每年都会在4月22日举办世界地球日活动。

人物点击

民间环保拓荒者——梁从诫

梁从诫（1932—2010），国内首个民间环保组织“自然之友”的主要发起人。

“自然之友”的成立，标志着中国也有了自己的绿色环保组织。梁会长给它的界定是：“我们是一个民间组织，要从行动上去影响我们周围的人，协助政府做好环保工作。”自1993年成立以来，“自然之友”开展的

重大行动有：保护川西洪雅天然林；保护滇西北德钦县原始森林滇金丝猴；开展藏羚羊保护工作与可可西里地区反盗猎行动等。

一切从简约开始，“真心实意，身体力行，不唱绿色高调”，是梁先生环保行动的一条宗旨。他的名片很特别，是用废旧纸张做成的。多年来，他把这一宗旨贯穿于生活的每一个细节，不只是小小的名片。家里洗衣机漂洗时产生的水，被他储存起来，用于冲厕。

他用自己的言行影响身边的人：不用一次性纸杯，为防浪费每次只倒半杯水，这些是自然之友工作人员的待客规矩；自然之友的内部刊物用再生纸印制；大家献给他的生日贺卡，也仅是一张小小的签满名字的绿色纸片。

他是中国环境保护的先行者，他推动了中国民间环保群体的良性发展，也带动和鼓舞了一批又一批有志环保事业的年轻人。

“地球的女儿”——廖晓义

廖晓义，1954年生于重庆，我国民间环保事业的倡导者和活动家。她是中国第一位获得有“诺贝尔环境奖”之称的“苏菲环境大奖”的民间环保人士。

她于1996年创办民间环保组织——北京地球村环境文化中心。北京地球村是一个致力于公众环保教育的非营利性的民间环保组织，是联合国环保署的中国民间联络站。其宗旨是通过营造大众环境文化，促进中国可持续发展。其涉及的领域有可持续消费的理论与实践、绿色社区的建设与发展、生态修复与保护、青少年的环境教育与交流等。

北京地球村通过多种方式加强公民环保的实践者、资助者和支持者之间的交流，促成中国民间组织、社区、学校与国际环保界更多的沟通与合作；还组织“地球村之旅”，让国际人士通过参加研讨会、参观培训基地、走访绿色社区试点等参与大众交流活动。

廖晓义带领着团队成员拍摄环境保护的电视专题片《地球的女儿》，

撰写和出版了一系列倡导绿色生活方式的读物和环境教育培训的系列光盘等，推动垃圾分类、适度空调、化学品安全等绿色生活行动，推进中国绿色社区和生态乡村的理论与实践。

绿色中国年度人物——朱京海

辽河是辽宁人民赖以生存的母亲河，污染最严重的时候每天排入其中的污水高达650万吨，枯水期河道几乎流淌的全是工业废水和生活污水。朱京海在担任辽宁省环境保护厅厅长期间，带领辽宁省环保系统，以铁的手腕、铁的决心、铁石心肠的“三铁精神”，打了一场水污染治理的“辽沈战役”，使辽河在全国“三河三湖”中率先摘掉重污染帽子。如今的辽河，一河碧波，两岸翠绿，鱼翔浅底，鸟语花香，生态优势日益凸显。

你还知道哪些与“世界环境日”有关的人物和故事？

小知识

“三河三湖”：是指流经我国人口稠密聚集地的淮河、海河、辽河和太湖、巢湖、滇池。

说一说

博博：从梁从诚、廖晓义身上，我体会到环保与每个人息息相关。节约用水，节约纸张，夏天把空调设置在26度左右，我们每个人都应该做到。

文文：这几年，在民间环保人士倡导下，在政府环保部门努力下，我们的母亲河——渭河沿岸工业污染得到治理，河水变清了，浇灌的庄稼更绿了。

我也说说：

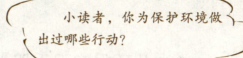

小读者，你为保护环境做出过哪些行动？

超链接

儿童环保行为规范（节选）

一、学习环保知识
二、节约用水光荣
三、减少水污染
四、节约用电
五、减少尾气排放
六、控制噪声污染
七、节约粮食
八、珍惜纸张
九、认知环境标志
十、选择绿色食品
十一、少用一次性制品
十二、旧物巧利用
十三、垃圾分类回收
十四、做动物的朋友
十五、做绿林卫士

经典呈现

《少儿环保知识手册》

这本手册，根据儿童的心理特点和理解能力，通过“小逗号”“巴巴顿”“东方求败”等卡通人物生动有趣的故事，让儿童在欢快的笑声中了解基本的环保知识，教育儿童节约自然资源，保护生态环境，维护生态平衡。

《地球的孩子绿色童书》

这是一套“绿色少年”系列的环保丛书，这套书是以生态文明教育为特色，从热爱自然、保护环境、呵护地球、与环境和谐共处等方面入手，阐述了当前最受人们关注的环境问题。书中的环保文学故事图文并茂，寓教于乐，既让孩子们增长了环保知识，又增强他们热爱大自然、保护生态环境的自觉性。

《寂静的春天》

寂静的春天
Silent Spring

这本书是美国女作家蕾切儿·卡逊的代表作。它以寓言故事开头，描绘了一个美丽村庄的突变，并从陆地到海洋，从海洋到天空，全方位地揭示了化学农药的危害，是一本公认的开启了世界环境保护运动的奠基之作。这本书引发了公众对环境问题的注意，促使联合国于1972年6月召开人类环境大会，开启了世界环境保护事业。

《可可西里》

可可西里

这部影片以新闻纪实报道的形式，从一个随队采访记者的角度，讲述了在人类生存的禁区——可可西里无人区，巡山队员与一群疯狂凶残的盗猎分子殊死搏斗的故事。导演陆川为了完成影片的拍摄，率领100多人进入可可西里无人区，苦战了120天，终于将屠杀和保护藏羚羊的情节以纪录片的形式真实地记录了下来，以此向世人讲述了人在绝境中的生存挣扎和人与自然的互相抗争。

《后天》

WHERE WILL YOU BE?
THE DAY AFTER TOMORROW

影片描述的是温室效应造成气候异变，地球陷入第二次冰河世纪的故事。影片细腻地交织了父子之间的动人情感和大灾难下人们所表达出来的真挚感情。影片拍摄完成后，导演罗兰·艾默里克专门请环保组织计算了拍摄中使用的灯光、发电机和燃料产生的二氧化碳总量，然后在加州种植森林进行弥补。

你对上面哪部作品最感兴趣？阅读或观看之后，向小伙伴或家长讲一讲作品的主要内容。

《给未来一片绿色》

这是一首以“保护环境、关爱地球、热爱大自然”为主题的儿童歌曲，让我们一起去唱一唱吧！

给未来一片绿色

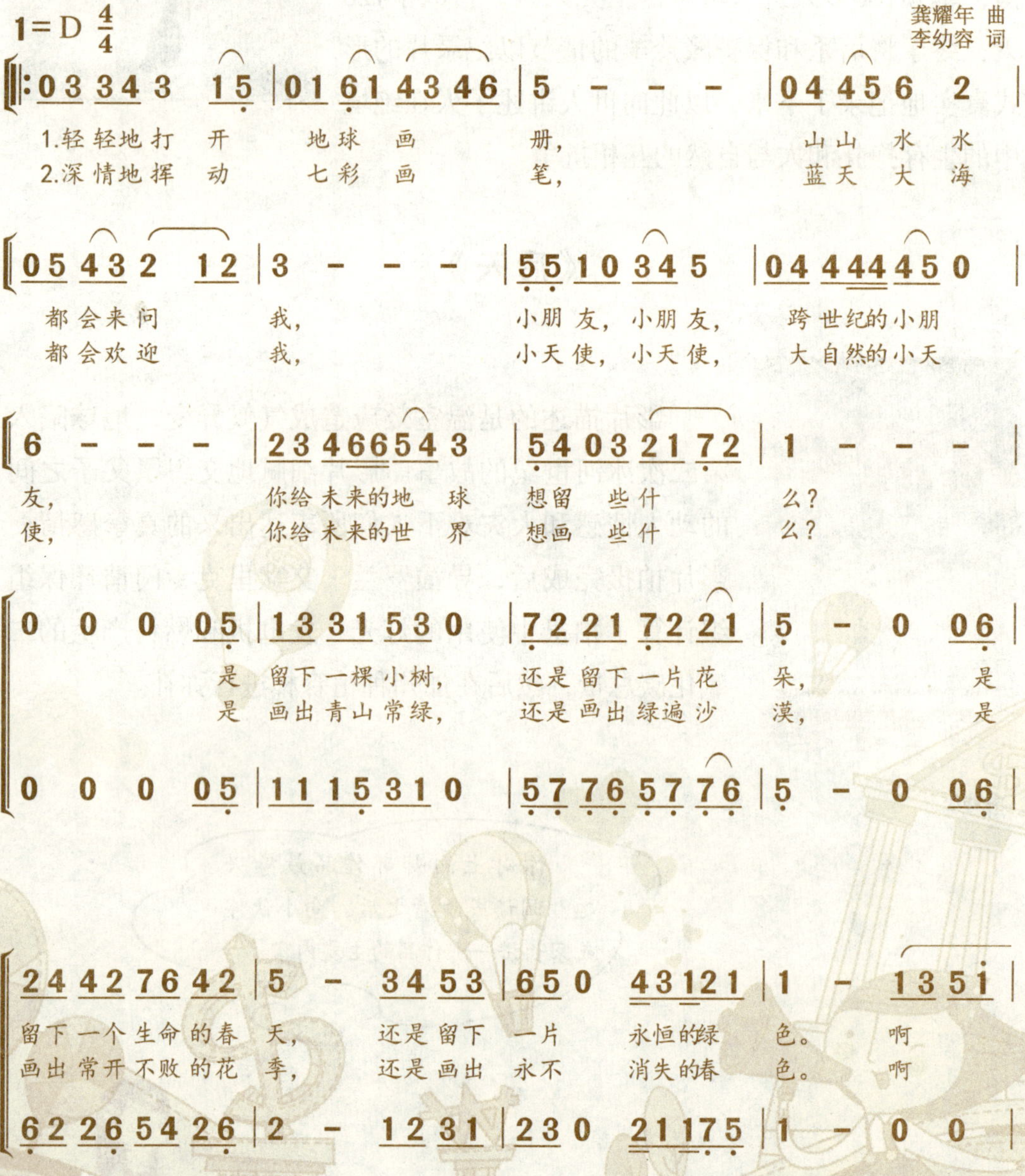
1=D 4/4
龚耀年 曲
李幼容 词
1.轻轻地打开地球画册，山山水水都会来问我，
2.深情地挥动七彩画笔，蓝天大海都会欢迎我，
小朋友，小朋友，跨世纪的小朋友，
小天使，小天使，大自然的小天使，
你给未来的地球想留些什么？
你给未来的世界想画些什么？
是留下一棵小树，还是留下一片花朵，
是画出青山常绿，还是画出绿遍沙漠，
是留下一个生命的春天，还是留下一片永恒的绿色。啊
是画出常开不败的花季，还是画出永不消失的春色。啊

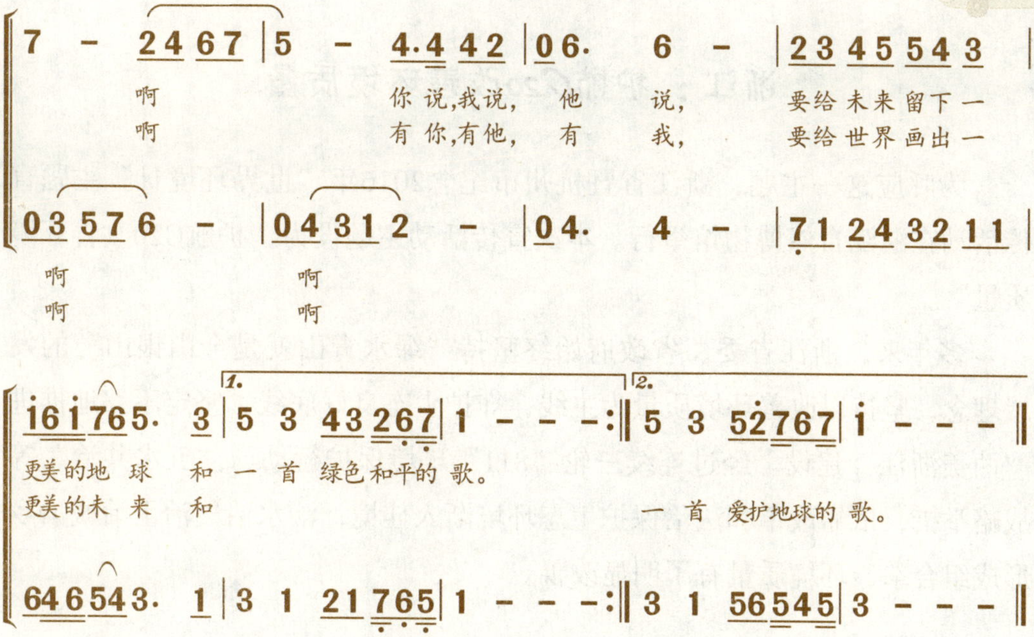
啊
你说,我说, 他 说, 要给未来留下一
啊
有你,有他, 有 我, 要给世界画出一
啊 啊
啊 啊
更美的地 球 和 一 首 绿色和平的 歌。
更美的未 来 和 一首 爱护地球的 歌。

活动集锦

6月5号·世界环境日

环境日期间，环保部按惯例举办一系列宣传纪念活动，推出围绕环境日主题及生态文明建设策划制作的公益广告和宣传挂图。各地也会围绕主题，结合实际开展丰富多彩的宣传纪念活动，以营造全社会共同参与生态文明建设的良好氛围。

2016年世界环境日的中国主题为“改善环境质量，推动绿色发展”，旨在动员引导社会各界着力践行人与自然和谐共生和绿色发展理念，从身边小事做起，共同履行环保责任，呵护环境质量，共建美丽家园。

浙江：护航G20改善环境质量

为呼应这一主题，浙江省暨杭州市纪念2016年“世界环境日”主题宣传活动在浙江自然博物馆举行。本次宣传活动主题设为“护航G20改善环境质量”。

多年来，浙江省委、省政府始终坚持“绿水青山就是金山银山”的发展理念，坚持以改善环境质量为主线，守护生态良好底线，坚定不移地推进“两美浙江”建设。经过连续三轮“811”环境保护行动、“五水共治”等战略举措，依靠改革和法治保护生态环境渐入佳境，治水治气治土治城治乡形成组合拳，环境质量有了明显改善。

辽宁：让乘客体验环保之旅

6月5日，辽宁省环保厅、沈阳市环保局等单位联合推出了“地铁环保号”“地铁环保站”，引导公众践行绿色化的现代生活方式。

“地铁环保号”将沈阳地铁一整列车厢内饰布置成环保主题，分为城市环境、大气环境、水环境三个不同主题，让每一位乘客在出行的同时有一次“环保之旅”。这种引导公众绿色行为的地铁环境文化产品在东北还是首次采用。

“地铁环保站”将沈阳地铁岐山路站布置成生活方式绿色化主题，从一家人的日常工作、生活的方方面面展示环保行为，从绿色居住、绿色出行等多个方面告诉公众什么是绿色化的生活方式，从生活细节养成绿色的生活行为习惯。

陕西：建言环保　有奖问答

环境日到来之际，陕西省环保厅、陕西省科学技术协会联合举办“我为环保建一言”活动颁奖仪式暨环保有奖明信片首发式。

此举旨在鼓励动员更多的公众通过各种途径、渠道关注环保、参与环保，发挥公众的力量，提高公众参与环保的水平。

环保知识有奖问答明信片共计5万份，通过西安市教育部门发放至西安30余所中小学。

环境日当天，西安市环保局联合未央区政府在盛龙广场组织开展了“改善环境质量，共建品质西安”主题广场宣传活动。西安市还组织了公众参观大气监测子站、绿色文明单位授牌、“12369”环保热线进社区、知识讲座等活动。

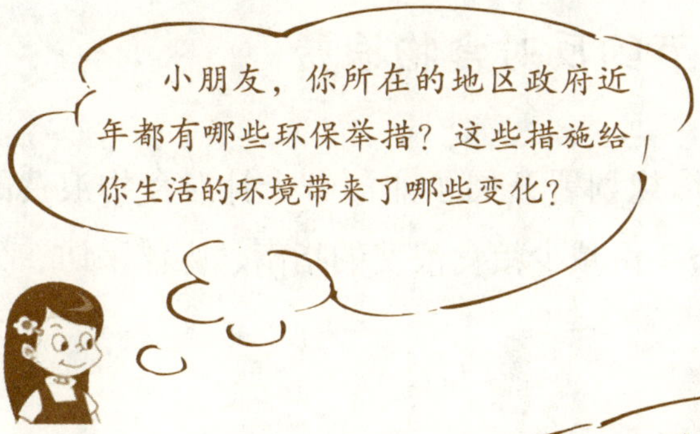
小朋友，你所在的地区政府近年都有哪些环保举措？这些措施给你生活的环境带来了哪些变化？

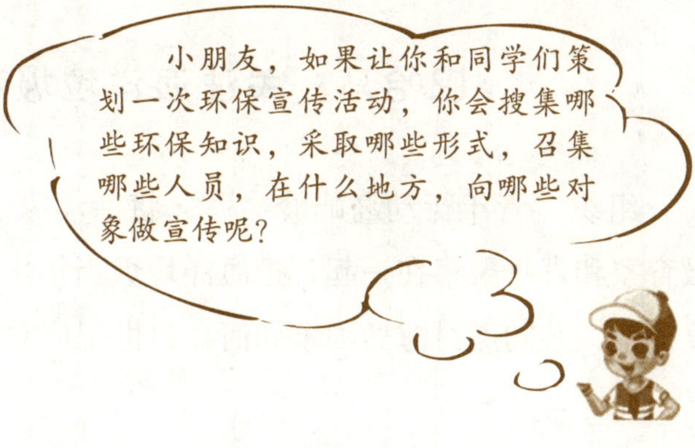
小朋友，如果让你和同学们策划一次环保宣传活动，你会搜集哪些环保知识，采取哪些形式，召集哪些人员，在什么地方，向哪些对象做宣传呢？

意大利：友好型交通和不插电音乐会

联合国环境规划署官员施泰纳和亲善大使图雷驾驶着传统燃料车改装的电动车抵达米兰世博园，希望唤起人们对环境友好型交通工具的关注。两人还同当地儿童一起参加了由意大利名厨进行的剩菜烹饪培训，并一起用餐饮余料制作多种食物。此外，当天在米兰世博园内还举办“地球之夜”不插电音乐会，通过钢琴和声乐等“零排放”音乐形式庆祝世界环境日。

巴西：提高公众可持续消费意识

5月31日至6月6日，巴西政府向公众播放电影，组织自行车观光游，召开有关衣物和食物重复利用的研讨会，举办有机食品集会，开展社交媒体活动等，以提高公众可持续消费意识。

南非：提倡节约反对食物浪费

世界环境日当天，联合国环境规划署开展了非洲首个针对食物浪费的项目，包括在南非比勒陀利亚发布一份减少粮食浪费的指南、媒体采访、分发宣传手册以及其他一系列活动。

巴哈马：关注海洋垃圾和过度消费

组织“青年行动岛屿峰会”，将活动家、艺术家、电影人、科学家、教育家和青年聚集在一起，把海洋垃圾当作焦点议题，关注人类对塑料的过度消费，共同探讨海岛国家如何在21世纪应对海洋塑料垃圾污染。

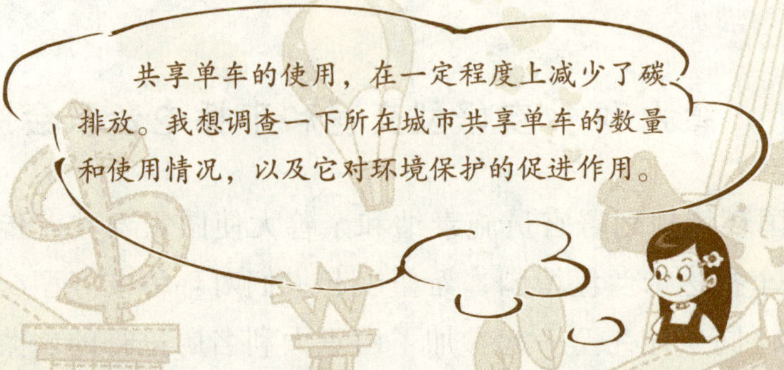
共享单车的使用，在一定程度上减少了碳排放。我想调查一下所在城市共享单车的数量和使用情况，以及它对环境保护的促进作用。

印度：创意改善喜马拉雅山固废管理

为改善喜马拉雅山的固体废弃物管理，来自印度北阿坎德邦九所学校的高中生展示了通过用废弃物制作的模型，清洁和绿化周边环境的创意。

肯尼亚：提出加里萨百万棵树计划

一个名为“青年环境可持续性网络”的组织，提出了“加里萨百万棵树计划”，动员其他有同样想法的机构和个人，在整个加里萨地区种植100万棵树，推动肯尼亚加里萨干旱地区的环境保护。

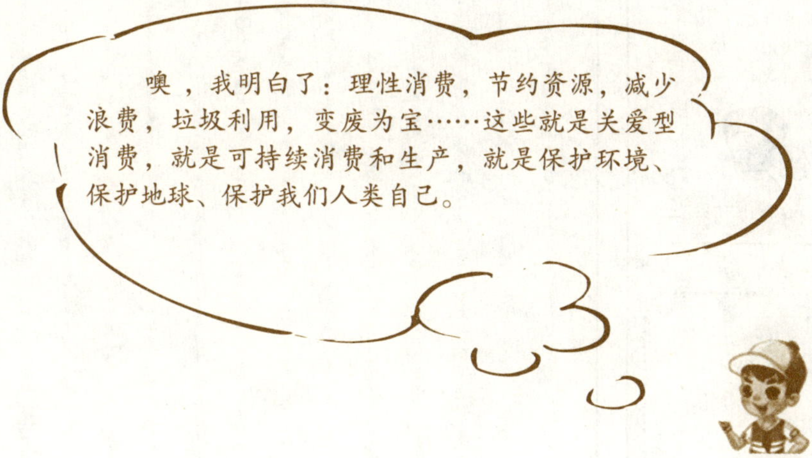
噢，我明白了：理性消费，节约资源，减少浪费，垃圾利用，变废为宝……这些就是关爱型消费，就是可持续消费和生产，就是保护环境、保护地球、保护我们人类自己。

我的摘录

我的收获

我的创意设计

小读者，了解了世界各国的人们纪念世界环境日的不同方式，请你也为自己和小伙伴们设计一个富有趣味和创意的环境日纪念活动吧！

心灵驿站

到站了，休息，休息！

亲爱的小读者，在“世界环境日”这一站中，你看到了哪些情景，学到了哪些知识，又产生了怎样的感受呢？

环境是人类赖以生存的根本。保护环境，就是保护自己；破坏环境，就是自毁长城。相信这一站中令人痛惜的现象、有识之士的呼吁和全人类环保意识的觉醒，一定使你的心灵产生了强烈的震撼。

相信你走出这一站，绝不会让环保仅仅留在心里，而是拿出行动，既做环保小卫士，又当优秀宣传员。白云、蓝天、碧水、青山，会因人类共同的努力，伴着我们的笑脸到永远……

第九站

“七一”，光辉的起点

七月，有一个特殊的日子。那一天，一个曾经辉煌的民族找到了崛（jué）起的支点；那一天，东方的雄狮重新昂起它不屈的头颅（lú）；那一天，一个古老的民族开始走向新生；那一天，伟大的中国共产党诞生了……

亲爱的小读者，你想知道中国共产党的生日故事吗？想了解党的生日庆祝活动吗？快和博博、文文一起快乐阅读，互动交流吧！

历史回放

建党节的来历

亲爱的小读者，你看到图片中的游船了吗？这可不是一艘普通的游船，它与我们的一个重要节日——中国共产党成立纪念日有关。

1917年俄国十月革命胜利后，马克思主义迅速传遍我国，经过五四爱国运动，最早接受马列主义的革命知识分子李大钊、陈独秀、毛泽东、董必武等人，相继在各地成立共产主义小组，宣传马列主义，从事工人运动。在列宁领导的共产国际的积极帮助下，1921年7月，各地共产主义小组派出代表到上海召开了中国共产党第一次代表大会。后因被帝国主义密探发觉，会议又转移到浙江嘉兴南湖的一艘游船上继续进行。大会通过了党的章程，选举陈独秀为总书记，宣告中国共产党成立。

抗日战争时期，由于环境困难，不能查记"一大"召开的准确日期（后经过考证，召开的时间为1921年7月23日），1941年中共中央确定7月1日为党的诞生纪念日。

虽然党的诞生纪念日并不是党的一大召开的具体日期，但是，"七一"这个光辉的节日已经深深地铭刻在全党和全国各族人民的心中。

"一大"会址嘉兴南湖游船

超链接

中国共产党党旗

中国共产党党旗是中国共产党的象征和标志。旗面为红色，缀有金黄色党徽图案。红色象征革命，黄色则是革命光芒的颜色。锤子象征工人阶级，镰刀象征农民阶级。两者组合，是工农联盟的标志，象征着中国共产党是中国工人阶级的先锋队，代表着工人阶级和广大人民群众的根本利益。

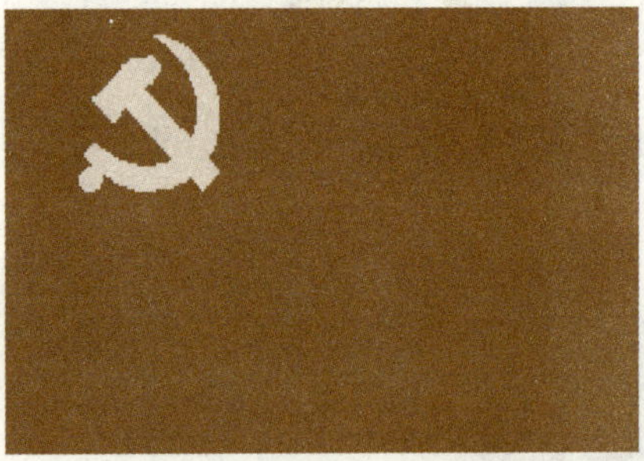

中国共产党入党誓词

入党誓词是成为预备党员后，在入党宣誓仪式上，需要宣读的誓词。

《中国共产党章程》第一章第六条规定：“预备党员必须面向党旗进行入党宣誓。誓词如下：我志愿加入中国共产党，拥护党的纲领，遵守党的章程，履行党员义务，执行党的决定，严守党的纪律，保守党的秘密，对党忠诚，积极工作，为共产主义奋斗终生，随时准备为党和人民牺牲一切，永不叛党。”

人物点击

党的主要创始人之一——李大钊

李大钊，字守常，河北乐亭人。中国共产主义的先驱，伟大的马克思主义者、杰出的无产阶级革命家、中国共产党的主要创始人之一，在中国共产主义运动和民族解放事业中，占有崇高的历史地位。

1920年10月4日，在李大钊发起下，北京第一个共产主义小组成立，李大钊为负责人。1921年中国共产党成立后，李大钊代表党中央指导北方的工作。在党的二大、三大和四大，他都当选为中央委员。1926年3月，李大钊领导并亲自参加了北京人民反对日、英帝国主义和反对军阀张作霖、吴佩孚的斗争。北洋军阀段祺瑞执政府制造了"三一八"惨案，北京一片白色恐怖。李大钊在极端危险和困难的情况下，继续领导党的北方组织，坚持革命斗争。1927年4月6日，李大钊被军阀（fá）张作霖逮捕，备受酷刑，在监狱中，在法庭上，他始终大义凛然，坚贞不屈。同年4月28日，李大钊从容就义，时年38岁。

人民的公仆——焦裕禄

焦裕禄，山东淄博人，革命烈士。1946年加入中国共产党，1962年担任河南省兰考县县委书记。当时，该县遭受严重的内涝、风沙、盐碱三害，粮食产量降到历史最低水平。他坚持实事求是、群众路线的领导工作方法，带领全县干部和群众一起与深重的自然灾害进行顽强斗争，使兰考贫困面貌大为改观。虽

身患肝癌，仍旧忍着剧痛，坚持工作，被誉为“党的好干部”“人民的好公仆”。他用自己的实际行动，铸就了亲民爱民、艰苦奋斗、科学求实、迎难而上、无私奉献的焦裕禄精神。

虽然，焦裕禄离开了我们，但焦裕禄精神已扎根于新中国社会主义建设的沃土之中。今天，我们大力弘扬焦裕禄精神，就是要将学习焦裕禄和践行社会主义核心价值观融为一体，进一步增强践行社会主义核心价值观的自觉性和坚定性，为推进中国特色社会主义事业、实现中华民族伟大复兴的中国梦提供强大精神力量。

干部的楷模——孔繁森

孔繁森，山东聊城人，优秀中国共产党员。1979年，孔繁森主动报名到西藏工作。在任职仅4个月的时间里，他就跑遍了全市8个县区所有的公办学校和一半以上的村办小学，为发展少数民族的教育事业奔波操劳。为了结束尼木县续迈等3个乡群众易患大骨节病的历史，他几次爬到海拔近5000米的山顶水源处采集水样，帮助群众解决饮水问题，在工作之余还亲自给农牧民群众听诊、把脉、发药、打针……1994年11月29日，孔繁森在带领工作组赴新疆塔城地区考察时，不幸以身殉职，时年50岁。

读了上面人物的故事，我还想上网查阅一些有关人民公仆、党员楷模的故事。你呢？

经典呈现

《建党伟业》

建党
伟业

《建党伟业》是一部长篇小说，截取了1911年辛亥革命到1921年中国共产党成立这段激荡变幻的历史，以毛泽东、李大钊、陈独秀、张国焘、周恩来、蔡和森等第一批中国共产党员为中心，描绘了中国近代社会风起云涌的革命思潮，以及在纷繁芜杂的历史进程中，中国共产党从筹备到成立并扬帆起航的一系列过程。之后，为庆祝中国共产党建党90周年，这部作品又被制作为建党献礼影片。

《中国共产党历史青少年读本》

中国
共产党
历史
青少年读本

本书适读人群的年龄是7—14岁。该书图文并茂地呈现了从20世纪初至今党的波澜壮阔的历史，以重要事件和重要人物为阅读点，力图向广大青少年读者全面展现党从萌芽到壮大、成熟的全景图。其精炼的文字、精彩的配图，堪称真正让年轻一代读者进入"轻松读党史，党史轻松读"的阅读状态的创新之作。

《开天辟地90年》

这是一部30集的文献电视片。该影片以丰富的史料和恢宏的气势，真实地记录了中国共产党建党90年间的600多个重大事件。再现了党从小到大、由弱到强，领导全国人民从夺取政权到进行社会主义现代化建设和改革开放的光辉历程，具有很高的历史文化价值和较强的艺术感染力，是青少年学习党史的优秀教材和凝聚人心的精神营养。

《七一颂歌》

七一颂歌
纪念中国共产党成立90周年

本书是为纪念中国共产党建党90周年的音乐献礼书。全书分为九个章节，收有五四时期以来不同题材的优秀歌曲100首，相关党史文字资料数万字和图片几十幅，具有大型音乐图谱画册特色。入选的歌曲堪称经典音乐作品和优秀传世之作，并适应群众歌会活动需求。此书集歌曲与文字、图片、音响于一体，犹如特殊的“音乐党史宣传读本”，极具音乐感召力和文化辐射力。

一段段珍贵的文字，一幅幅珍贵的图片，折射着一个政党光荣的历史，记载着一个民族辉煌的瞬间！

我还知道很多歌颂党员的电影，比如《焦裕禄》《生死抉择》《生死牛玉儒》，其中《生死牛玉儒》是“保持共产党员先进性”教育党员必看影片。

没有共产党就没有新中国

1＝A $\frac{2}{4}$ 曹火星 词曲

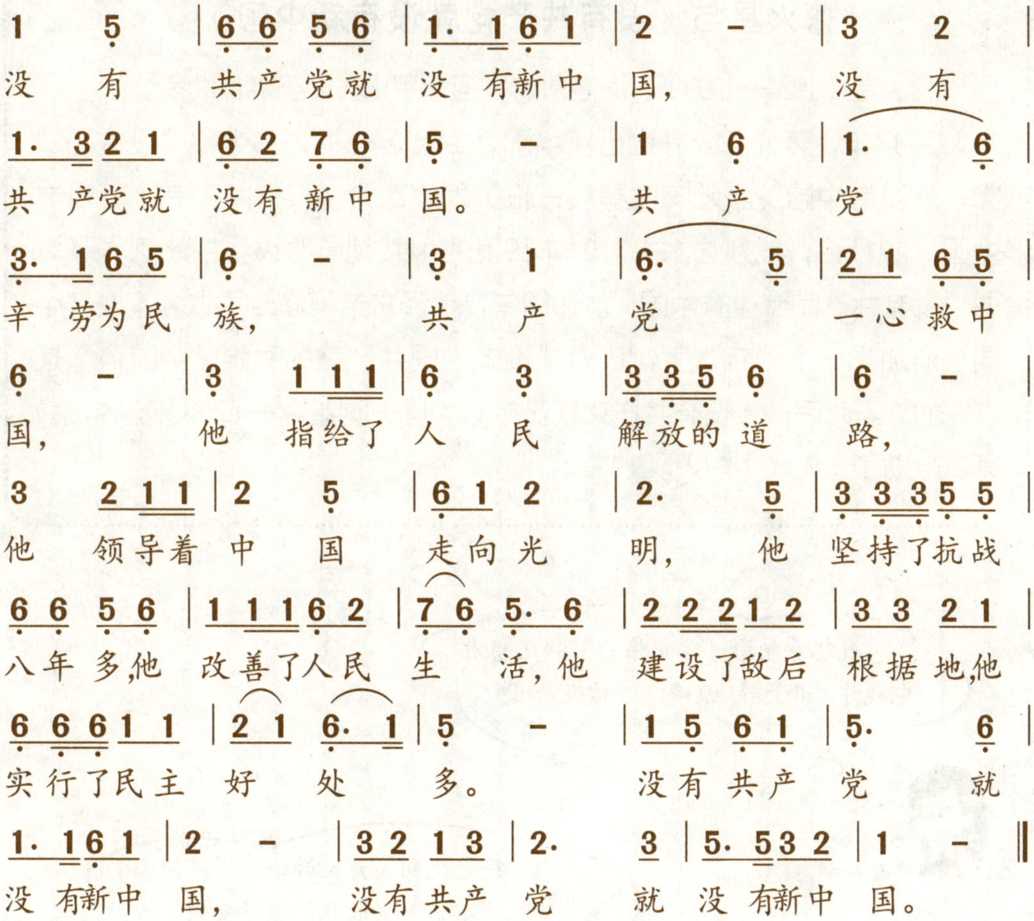
没有共产党就没有新中国，没有
共产党就没有新中国。共产党
辛劳为民族，共产党一心救中
国，他指给了人民解放的道路，
他领导着中国走向光明，他坚持了抗战
八年多，他改善了人民生活，他建设了敌后根据地，他
实行了民主好处多。没有共产党就
没有新中国，没有共产党就没有新中国。

小知识

敌后根据地：抗日战争时期，中国共产党领导的八路军、新四军、华南人民抗日游击队和其他抗日军队，在日本侵略军占领的广大地区内，广泛地发动、组织和武装群众，开展游击战争，组织抗日政权，使这些地区成为坚持敌后抗战的根据地。

超链接

曹火星与《没有共产党就没有新中国》

曹火星（1924—1999），原名曹峙，河北平山人，著名作曲家。

1943年，蒋介石公开抛出《中国之命运》一书，书中称“没有国民党，就没有中国”。延安《解放日报》发表题为《没有共产党，就没有中国》的社论，批判这本书。时年19岁的中共党员曹火星由此创作了歌曲“没有共产党就没有中国”。1950年，毛泽东亲笔修改了歌名，在“中国”前加了一个“新”字，认为“没有中国共产党的时候，中国依然是存在的”。此后，《没有共产党就没有新中国》这首歌一直传唱至今，鼓舞、激励了一代代中国人。

我想看电影《建党伟业》，还想看电视片《开天辟地90年》。你呢？

将电视剧《开天辟地》《井冈山》《红色摇篮》《长征》《延安颂》以及《解放》连起来看，我了解了中国共产党在新中国成立前的成长史。

看完《开天辟地90年》，我想说……

活动集锦

每年"七一"党生日的时候，中华儿女都精心筹备，为党献上最心仪的礼物和最真挚的祝福！亲爱的小读者，让我们一睹为快吧！

气势恢宏的文艺汇演

每年党的生日之际，全国各地、各行各业都会为党举行文艺汇演，规模最大的文艺汇演是在北京人民大会堂举办的。例如，2011年党90岁生日时举办的文艺晚会《我们的旗帜》，晚会分"序·历史的选择""人民的心声""难忘的岁月""民族的脊梁""我们的旗帜"五大部分，参加演出有50余家单位、2000余人呢！

文艺汇演中的节目精彩纷呈，有独唱、合唱、歌舞剧、诗歌朗诵、小品、相声等。7月1日这一天，亿万华夏儿女的心声汇成一句话："亲爱的党，今天，是您的生日，也是我们的生日，是您，让我们的生命变得如此精彩，我们永远爱您！"

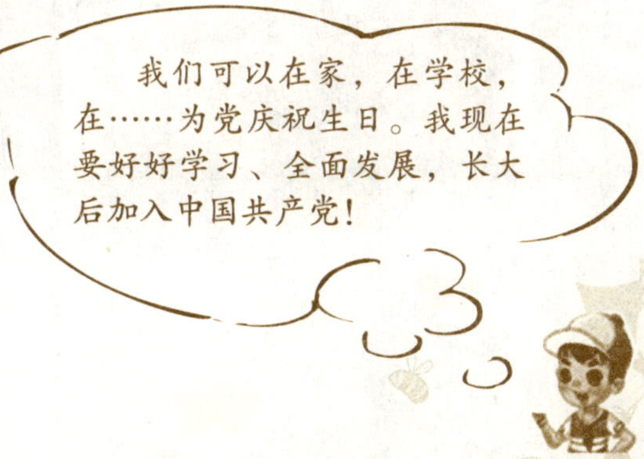
我们可以在家，在学校，在……为党庆祝生日。我现在要好好学习、全面发展，长大后加入中国共产党！

表彰先进

为了表彰先进,弘扬正气，“七一”前夕，从地方到中央都会对先进基层党组织、优秀共产党员、优秀党务工作者进行表彰。那些通过层层推荐、逐级遴选、严格考察脱颖而出的受表彰者是多么骄傲和自豪!

奉献爱心

每年“七一”前后，各行各业的爱心人士，有的去养老院为老人们送温暖和快乐，有的去参加义务劳动，有的捐钱捐物为困难者伸出援助之手……以爱育爱，爱心相传，已经在中华大地蔚然成风。帮助别人，快乐自己，让我们也加入其中吧!

敬老爱老好风尚

方寸之上的庆祝活动

为了庆祝党的生日，我国从1951年7月1日起开始发行建党纪念邮票，每十年发行一套。我国首次发行的是《中国共产党三十周年纪念》邮票。

中国邮政于2011年6月22日发行的《中国共产党成立九十周年》纪念邮票一套6枚，小型张1枚。该套邮票充分展现了我们党建党90年来的光辉历史进程。邮票图稿选取了代表各个时期的典型元素，更好地诠释每枚邮票的主题。

中国共产党卅周年纪念
400圆
中国人民邮政
中国共产党卅周年纪念
500圆
中国人民邮政
中国共产党卅周年纪念
800圆
中国人民邮政

哇！这些小邮票里蕴藏着丰富的历史知识，我要仔细看，认真查阅资料。

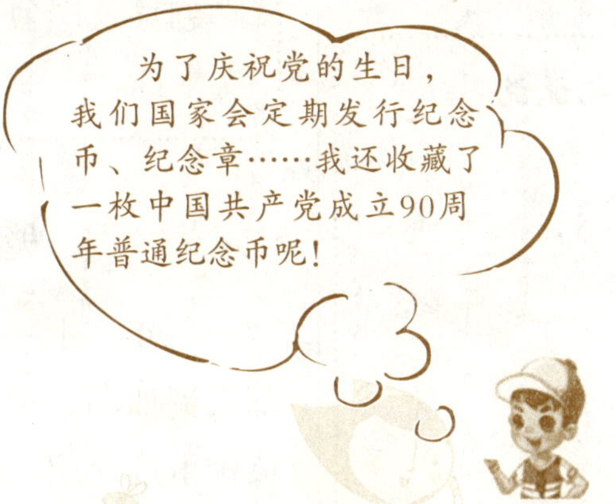
为了庆祝党的生日，我们国家会定期发行纪念币、纪念章……我还收藏了一枚中国共产党成立90周年普通纪念币呢！

精彩纷呈的影视作品

向建党90周年献礼
开天辟地

亲爱的小读者，细心的你是否发现，每年的6月中旬至7月中旬，中央电视台及各地方卫视不但会播出许多红色经典故事片，如《铁道游击队》《党的儿女》《永不消逝的电波》《烈火中永生》等，在重要周年还会推出献礼片，如纪念建党70周年的《开天辟地》、建党80周年的《走出西柏坡》、建党90周年的《建党伟业》以及建党95周年的《大火种》等。

超链接

四川省北川县原副县长兰辉于2013年5月23日因公殉职。他被称为“用生命践行党的群众路线的好干部，是新时期共产党人的楷模”。电影《兰辉》中的故事，选取的都是兰辉同志在副县长岗位上忘我地投入灾后重建工作的真实事迹。

瞻仰红色革命基地

每年“七一”前后，全国各地的红色革命基地都人流如潮，中华儿女怀着崇敬的心情，聆听革命英雄事迹介绍，瞻（zhān）仰红色革命基地，参观纪念馆内珍藏的历史资料和文物，缅怀革命艰难历程，接受革命传统教育。

小知识

聆听：指仔细注意地听。

瞻仰：恭敬地观看。

说一说

文文：我知道，党的生日庆祝活动还有红色经典诵读、群众歌咏、主题座谈会。

博博：还有民主生活会、党史知识竞赛、书法绘画作品展出、献爱心活动……

我也说说：

同学们，今年“七一”，我们班以讲先烈故事的方式为党庆祝生日。你喜欢以哪种方式为党庆祝生日，为什么？

我会写一篇小文章为党庆生日，因为这样我可以和党面对面交谈，说说心里话。

我练了好长时间，准备在“七一”为党……

我的摘录

我的收获

我的创意设计

小读者，请你为党设计一个别样的生日庆祝活动，送上你认为最有意义的礼物吧！

心灵驿站

到站了，休息，休息！

“七一”，是您的生日，这短短的一天，却拥有长长的回忆。

“七一”，是光辉的起点，您的儿女和您，为了中国梦一起努力！

……

亲爱的小读者，这一站的阅读和交流，相信你会受益匪浅，你一定有许多话想对党和革命先辈说，你一定想继续探寻党的足迹，那就快快行动吧！

第十站

军旗，最美的色彩

八月，骄阳似火，中华大地奏英雄凯歌。

八月，军歌嘹亮，血肉之躯筑钢铁长城。

他们，让每一次心跳，都融入祖国的脉搏。

他们，让每一滴血汗，都绽放和平的花朵。

他们，让每一只铁拳，都化作呼啸的雷电。

他们，让每一声呐喊，都吓破敌人的胆魄。

他们，不是亲人胜似亲人。

亲爱的小读者，你知道小诗中的“他们”是谁吗？对，就是我们的解放军叔叔。今天就让我们一起去了解属于他们的节日

——八一建军节！

历史回放

建军节的来历

江西省南昌市中山路西端，有一座灰色五层大楼，这座有96个房间的老楼，原为江西大旅社。小读者，你们知道吗？这里，和我们每年的一个节日有关。80多年前，周恩来等人就是在这里指挥了南昌起义。

钢铁长城
共庆“

1927年8月1日，以周恩来为书记的中共前敌委员会及贺龙、叶挺、朱德、刘伯承等人，率领北伐军两万多人在南昌举行起义，打响了武装反抗国民党反动派的第一枪，标志着中国共产党独立领导革命战争、创建人民军队和武装夺取政权的开始。

1933年7月11日，中华苏维埃共和国临时中央政府根据中央革命军事委员会的建议，决定8月1日为中国工农红军成立纪念日。1949年6月15日，中国人民革命军事委员会发布命令，以“八一”两字作为中国人民解放军军旗和军徽的主要标志。新中国成立后，将此纪念日改称为中国人民解放军建军节。从此，每年8月1日建军节期间，全国各地都要集中开展“拥军优属，拥政爱民”的活动，纪念人民军队的诞生。

中国人民解放军

中国人民解放军，简称“人民解放军”“解放军”，是中华人民共和国最主要的武装力量。

它的前身是1927年南昌起义后留存的部分中国工农革命军，经过五次反围剿、抗日战争、解放战争，在1946年合并八路军、新四军、东北抗日联军等部队陆续改称为中国人民解放军。

中国人民解放军的最高军事机关为中央军事委员会，现役部队由陆军、海军、空军、火箭军、战略支援部队组织而成。

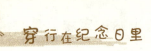

2016年2月1日，中国人民解放军原来的七大军区重组为5个战区，即东部战区、南部战区、西部战区、北部战区和中部战区。

军　旗

军旗，是象征军队或建制部队的旗帜。中国人民解放军军旗为红色，上缀金黄色的五角星及“八一”两字，表示中国人民解放军自1927年8月1日南昌起义以来经过艰苦卓绝的长期斗争，终于在党的领导下取得了中国革命的伟大胜利。军旗主要用于参加典礼、检阅、隆重集会、游行等场合，由掌旗员掌握军旗，左右各有一名护旗兵，位于部队的前列。

军　徽

中国人民解放军军徽图案为一颗镶有金黄色边的五角红星，中央嵌有金色“八一”二字，名称为“八一”军徽。“八一”军徽即陆军军徽，海、空军军徽以“八一”军徽为主体图案，海军军徽为藏蓝色底衬以银灰色铁锚，空军军徽为天蓝色底衬以金黄色飞鹰两翼。

陆军军徽

海军军徽

空军军徽

军　歌

中国人民解放军军歌，歌名为《中国人民解放军进行曲》，由郑律成作曲，张松如(公木)作词，创作于1939年。原名《八路军进行曲》，是组歌《八路军大合唱》中的一首。1988年7月25日，被中共中央军事委员会确定为中国人民解放军军歌。

歌词内容，反映了中国人民解放军的性质、任务、革命精神和战斗作风。曲调气势磅礴，坚毅豪迈，热情奔放。词曲浑然一体，表现了人民军队一往无前、无坚不摧的革命精神，塑造了中国人民解放军肩负历史重托，为中华民族的解放而英勇奋战的英雄形象。

超链接

关于“八一”的8个温暖记忆

八一解放鞋

这双经典的黄胶鞋是好几代人共同的回忆，耐用，轻便，简朴，历久弥新的经典设计，时至今日，我们依然可以见到它的身影。

“八一杠”

八一式自动步枪是中国人民解放军装备的一种制式步枪，其中采用折叠金属枪托的称“81-1式自动步枪”，被官兵们爱称为“八一杠”。这应该是中国人最熟悉的枪了，以至于在很长一段时间里，人们脑海中的“钢枪”和“八一杠”直接画上了等号。

八一帽徽

金灿灿的八一帽徽，沉甸甸的使命责任。成为一名军人，第一次抚摸帽徽，每个人都是虔诚而激动的，从今往后，我当冲锋陷阵，英勇杀敌，虽千万人吾往矣，不辱八一红星荣光！

八一电影制片厂

从《小兵张嘎》《闪闪的红星》《地道战》等经典电影到影响了一代人参军报国的《士兵突击》，银幕上出现的“八一电影制片厂”标志既像一位老朋友，又是一块品质过硬的金字招牌。

八一队

八一
14

八一队是指八一男子篮球队。自建队以来，八一队发扬解放军优良传统和作风，本着为国争光，为军队争光的高度荣誉感和使命感，严格治队，严格训练，形成勇猛顽强，敢打敢拼，团结协作的战斗作风和注重防守、快速、准确、内外结合的战术风格。无论是篮球、排球还是乒乓球，身披“八一”战袍的运动员们永远是不可小觑的对手。

八一路

八一路
BAYI LU

漫步在武汉、长沙、重庆、大连、西宁等城市，你会发现一个相同的路牌——八一路。与之对应的还有“解放路”“解放大桥”“八一大道”等地名。由此可见，全国的老百姓对人民子弟兵有多么拥护，想以此表达感谢之情。

八一军旗

红旗，五角星，八一，组成了我们亲爱的军旗，也铸就了我们最坚定的信仰。无论是在茫茫戈壁，在雪山高原，在天涯海岛，在异国大洋，有八一军旗飘扬之处，必然有人民解放军坚强守卫、保驾护航！

八一建军节

八一建軍節

人民军队，从南昌起义划破夜空的第一声枪响走来，从二万五千里的雪山草地走来，从浴血奋战的抗日战场走来，从上甘岭敌人飞机大炮的猛烈轰炸中走来，从抗洪抢险和抗震救灾的第一线走来……一路走来，每一段光辉历程，都有人民陪伴。军爱民，民拥军，军民一家鱼水情，祝我们的祖国繁荣昌盛，祝我们的人民幸福安康！

这么多有意思的“八一”记忆。我还知道：八一军事网、北京市八一学校、八一医院……你也一起找一找吧！

对了，我还了解了一些有关中国人民解放军军旗、军徽、军歌的知识。现在，我们就一起去看看吧！出发！

人物点击

毛泽东、周恩来、朱德老一辈革命家的"约法三章"

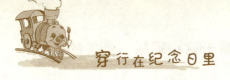

小读者，你们听说过毛泽东、周恩来、朱德老一辈革命家的故事吗？他们严于自律、为人表率，都曾在工作和生活方面制定过律己治家的"约法三章"。现在，就让我们一起去听听吧！

坚决不搞特殊化

毛泽东从小就志向远大，刻苦修身，努力读书，勤于思索。早在青年时代，他就给自己规定了一生要做到"三不谈"：一不谈金钱，二不谈身边琐（suǒ）事，三不谈男女问题。被同学们誉为"身无分文，心忧天下"。

井冈山时期，毛泽东仍然坚持"三不谈"。即：一不谈个人政治和经济待遇，二不谈家庭和生活琐事，三不谈男女方面的问题。这"三不谈"与毛泽东青年时代提出的"三不谈"内容大体相同，但内涵更为广阔。

延安时期，毛泽东谢绝为他祝寿并提出"三条理由"：一是战争时期，许多同志为革命的胜利流血牺牲，应该纪念的是他们，为一个人"祝寿"太不合情理；二是部队和机关的同志没有粮食吃，搞庆祝活动会造成浪费，脱离群众；三是自己才50多岁，大有活头，更用不着"祝寿"。此外，毛泽东还就此加上"三条规矩"：一不许请客吃饭；二不许唱戏，如果要演，就演给老乡们看；三不许开会。

新中国成立初期，毛泽东家乡的亲戚朋友纷纷给他写信，要求推荐或安排工作。毛泽东对此原则分明，他语重心长地给亲友们回信说："我们

共产党的章法，决不能像蒋介石他们一样搞裙带关系，一个人当了官，沾亲带故的人都可以升官发财，如果那样下去，就会脱离群众，就会像蒋介石一样早垮台。现在全国刚解放，人民刚取得政权，我对你们‘约法三章’：一不要来京看我，二不要来京找我安排工作，三不要借我的名义找地方政府安排工作。”

1958年9月，毛泽东到安徽视察工作。稍作休息后，他就对省、市负责同志和宾馆的接待人员“约法三章”：“第一，不要请我们吃饭；第二，我也不请你们吃饭；第三，按伙食标准用餐，不喝酒。这三条，希望大家能监督我们。”开饭时，一小盆小米粥，几个小馒头，一碟土豆烧肉，一碟韭菜炒鸡蛋，一碟炒青菜和一碟干炒辣椒就是全部伙食，每盘菜的分量也不多。毛泽东吃完饭，用茶水荡荡饭碗，把碗里的几粒米饭连同茶叶一起吃进去。毛泽东吃饭时旁边没人作陪。吃完饭，他高兴地说：“吃得很够嘛，很舒服嘛！”又说：“哪天全国农民都能吃上我们这样的饭菜，那就不错了。”

无私伴随他的一生

周恩来一生兢兢业业为人民大众谋利益，无私伴随了他的一生。周恩来给自己和身边的工作人员早就“约法三章”，规定了“三不沾”：一是私人的事不坐公车，不沾国家的便宜；二是亲属来机关探亲，就餐自己买票，不沾集体的财富；三是不得以总理的名义接待或收受礼品，不沾机关和个人的利益。

1951年6月，周恩来因长期超负荷工作而病倒，在毛泽东的一再催促和亲自安排下，来到大连疗养。为了不给大连市添麻烦，周恩来“约法三章”，提出了“三不准”：一不准陪同，二不准看望，三不准安排活动。

1958年7月，周恩来到广州新会视察。他叮嘱（zhǔ）县委领导在安排其起居饮食方面朴素一点，不要使他与群众生活有距离，并与县委领导“约法三章”：一不要搞迎送，二不要多人跟，三不要公家请吃饭。

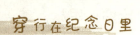

处处爱民的周恩来，连行路都要“约法三章”。周恩来对司机的要求十分严格，除了要司机必须遵守交通规则外，还另外规定了一个“约法三章”。他对司机说：“车开到影剧院、医院、学校等附近时，不许按喇叭。这些地方是人们休息、学习和娱乐的场所，必须保持绝对的安静。”后来周恩来生病去医院，他不让司机把车开到病房区，而是自己提前下车步行到病房。周恩来要求司机在车开到交叉道口时，必须减速行驶，慢慢通过，以免惊吓到群众。

不给父老添麻烦

新中国成立后，朱德虽然年事已高，但他不辞辛劳，经常深入基层倾听群众呼声，始终同人民群众保持着密切联系。从1952年到1966年，他先后深入27个省、市、自治区进行了130多次视察。其间，他6次到四川视察，但只回过家乡1次。

1960年3月9日，在省、地、县委领导的陪同下，朱德乘车从南充经蓬安、营山抵达仪陇，回到了阔别52年的故乡。到仪陇县马鞍中学时，正值学生吃晚饭，他径（jìng）直走到食堂和寝（qǐn）室去查看，亲切地询问同学们：一个月吃多少粗粮、细粮？零花钱多少？有没有补助？家里能供给吗？

听了朱德的话，同学们面面相觑，欲言又止。看到这种情境，他严肃地对陪同人员说：“娃娃们正是长身体的时候，读书又苦，费脑子，一定要想尽一切办法使生活补助到位。饭都吃不饱，哪有劲啊！”接着，他又对仪陇县委领导说：“对于我的接待，一切从简。不喝酒，不抽烟，不吃肉，不给当地添麻烦，能吃上故乡的家常饭就高兴。”

当晚的餐桌上，全是青菜、豌豆尖、鱼腥草、红薯等，一点荤菜都没有。朱德吃得津津有味，他说：“几十年没吃过家乡的菜了，今天吃起来真香！”

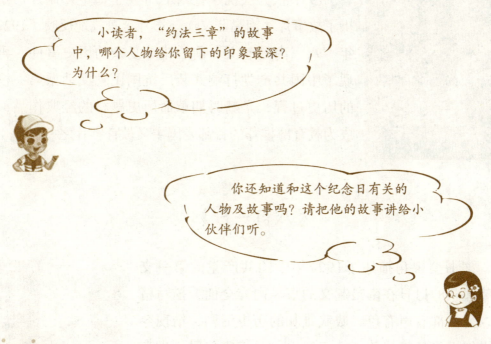

小读者，“约法三章”的故事中，哪个人物给你留下的印象最深？为什么？

你还知道和这个纪念日有关的人物及故事吗？请把他的故事讲给小伙伴们听。

经典呈现

《小英雄雨来》

小英雄雨来

这是著名作家管桦的一部具有代表性的中篇小说，记叙了抗日战争时期，晋察冀抗日根据地的儿童雨来掩护革命干部，和日本鬼子斗争的故事，歌颂了抗日根据地儿童热爱祖国、勇敢机智地和敌人斗争的优秀品质。《小英雄雨来》早在新中国成立初期就被编入了全国中、小学语文教科书，感染和教育了不止一代人，雨来成了整整一个时代全国少年儿童心目中的英雄。小说通篇贯穿着爱国主义这条主线，小说中的名句“我们是中国人，我们爱自己的祖国”，激发了无数读者的爱国热情和奋斗精神。

《南昌起义》

百部爱国主义
教育影片
南昌起义

1981年,为庆祝建党六十周年,上海电影制片厂拍摄了故事片《南昌起义》。影片全景式地反映了1927年“八一南昌起义”前后错综复杂的历史事件，再现了中国共产党打响武装反抗国民党反动派第一枪的历史过程，是新时期革命历史题材的经典作品，成为教育部推荐的百部爱国主义教育影片之一。

《八月一日》

该书全视角描述了1927年中国共产党的第一支武装部队8月1日在南昌起义的事。内容全面，描写精彩，是一部有声有色、威武雄壮的历史活剧，给现今的人们提供关于战争、关于历史、关于中华民族生存发展道路的教益和启迪。宏阔的战争画卷、深邃的历史哲理、全方位的艺术视角与瑰丽凝重的美感之交融，构成这套丛书的特色。

八月一日

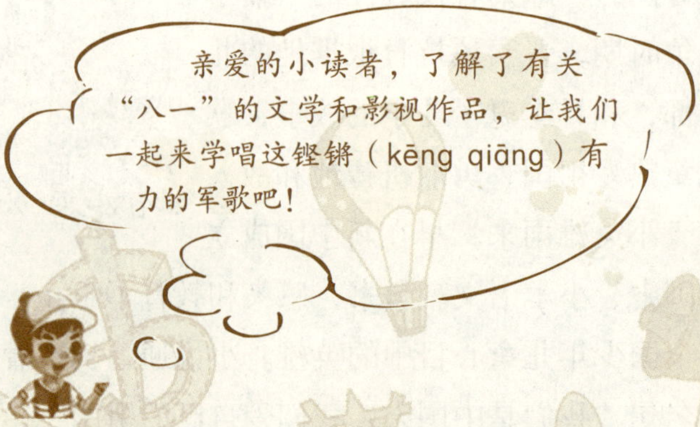
亲爱的小读者，了解了有关“八一”的文学和影视作品，让我们一起来学唱这铿锵（kēng qiāng）有力的军歌吧！

中国人民解放军军歌

郑律成 曲
公 木 词

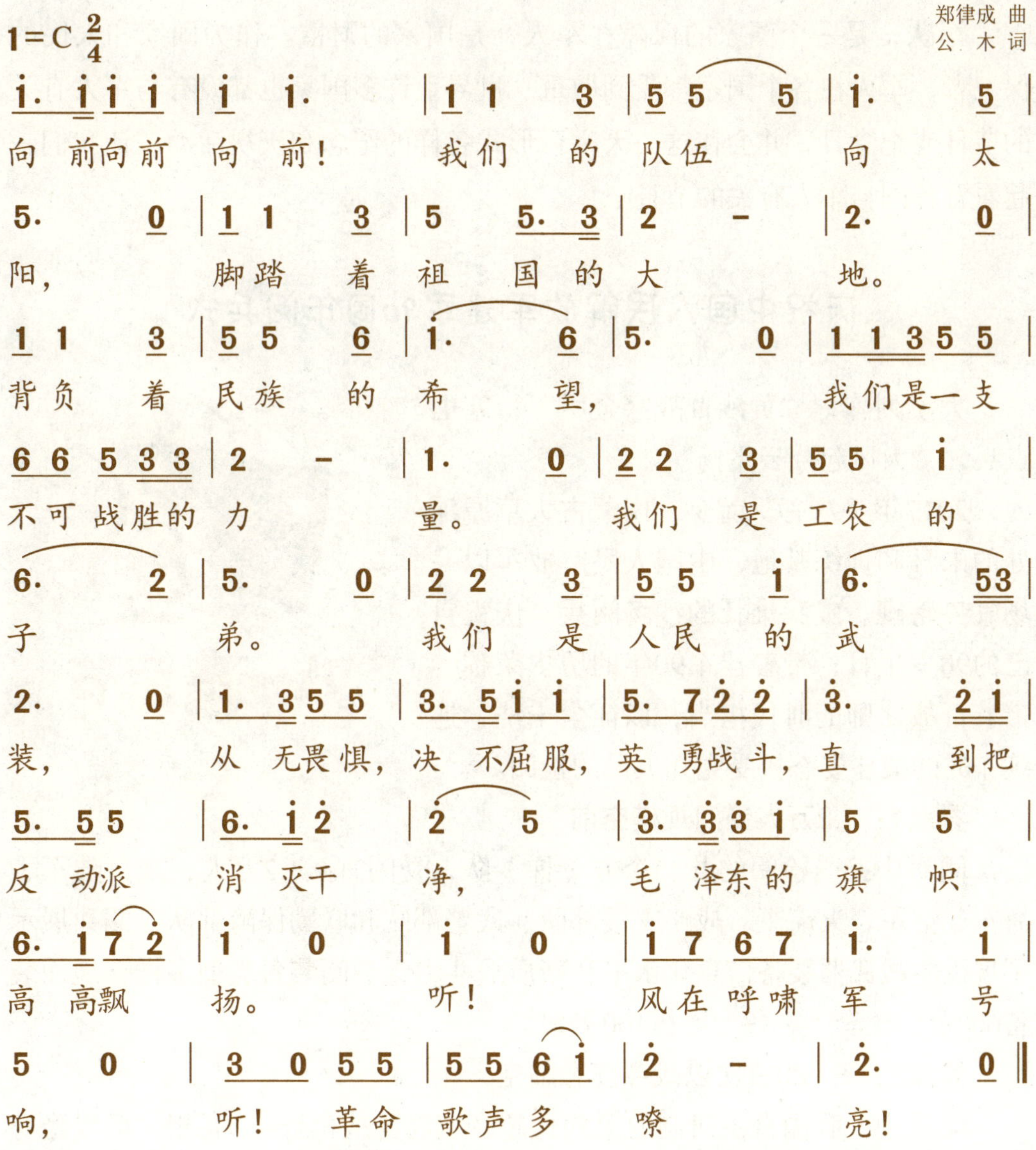
1=C 2/4
向 前向前 向 前！我们 的 队伍 向 太
阳，脚踏 着 祖 国 的 大 地。
背负 着 民族 的 希 望，我们是一支
不可 战胜的 力 量。我们 是 工农 的
子 弟。我们 是 人民 的 武
装，从 无畏惧，决 不屈服，英 勇战斗，直 到把
反 动派 消 灭干 净，毛 泽东的 旗 帜
高 高飘 扬。听！风在 呼啸 军 号
响，听！革命 歌声 多 嘹 亮！

活动集锦

军队，是一个国家的保障；军人，是国家的财富。作为国家和人民的保卫者，军人在各个国家都受到敬重。世界上许多国家也都设有与军人有关的节日或纪念日，并会在这一天举行形式各样的纪念和庆祝活动。让我们一起看看各国与军人有关的节日吧！

庆祝中国人民解放军建军90周年阅兵式

八一建军节
1927-2017
热烈庆祝中国解放军建军九十周年

大漠列阵，“黄沙百战穿金甲”；塞上点兵，“大风起兮云飞扬”。

2017年“八一”前夕，内蒙古大草原深处的朱日和训练基地，中国人民解放军以一场气势磅礴、威武雄壮的沙场阅兵，庆祝自己的90岁生日；带着建军90年的历史荣耀，带着百战之师的时代担当，以征尘未洗、连续作战的战斗姿态接受党和人民的检阅。

看点1：1.2万人受阅规模空前

阅兵中接受检阅的共45个方（梯）队，受阅官兵1.2万人，来自陆军、海军、空军、火箭军、战略支援部队、武警部队和联勤保障部队。阅兵展示了现役主战武器装备信息化水平和新质战斗力，参阅装备类型多样，地面装备600余台（套）、各型飞机100多架。

看点2：歼–20首次以战斗姿态临空

阅兵中，我国自主研制的第四代超音速隐身战机歼–20亮相，可以隐身骗过雷达，可以超低空机动，可以在敌人见到它之前就消灭敌人，标志着我空军主战装备跻身强国行列。

看点3：多款新型战机首次亮相阅兵

歼–10B战机、运8干扰机、歼–10C战机、歼–16战机等在阅兵中亮相。快速机动、精确打击的空中突击力量，在未来战争中承担着重要使命，堪称陆地猛虎插上了钢铁翅膀。

看点4：明星导弹亮相“杀手锏”压轴

“航母杀手”东风-21D中程弹道导弹、核常兼备的东风-26中远程弹道导弹及东风-16改常规导弹等明星重器悉数亮相。压轴登场的是两型固体洲际战略核导弹，它们是我国大国地位、国防实力的显著标志，是震慑对手的王牌底牌。

看点5：阅兵方阵编队以作战群现身

阅兵方阵以作战群形式出现，分成陆上作战、信息作战、特种作战、防空反导、海上作战、空中作战、综合保障、反恐维稳、战略打击9个作战群，说明我军进入联合作战阶段。

看点6：受阅方队官兵回答“主席好”

在习近平问候“同志们好”之后，受阅官兵回答“主席好”，突出了国家的意识。

“开展纪念日活动，如同点燃一支火炬。”这次阅兵，是新中国成立以来第一次为建军节举行的阅兵，是习近平主席首次在野战化条件下亲临沙场检阅部队，是一次跨越90年的检阅，更是一次面向未来的进发。

号角吹响，使命如山。“听党指挥！能打胜仗！作风优良！”那山呼海啸般的誓言汇成的强军兴军激越交响，必将再次点燃共和国军人的一腔热血，越不可越之山，渡不可渡之河，续写强军事业的新辉煌，谱写跨越发展的新篇章。

俄罗斯

俄罗斯对军队十分重视，与军人有关的节日非常多，其中最有名的是每年2月23日的“祖国保卫者日”。这一天不仅仅是军人的节日，也是“男人的节日”。在这一天，政府一般都要举行阅兵和游行等活动，而已婚女士通常会向自己的丈夫赠送礼物。另外，白俄罗斯、乌克兰、哈萨克斯坦等国也庆祝这一节日，部分国家的日期有所不同。

韩　国

10月1日是韩国国军建军纪念日——“国军日”，设立国军日旨在向国内外展示韩国军队的军威和战斗力，提高国军官兵士气。2015年10月1日，韩国总统朴槿惠在忠清南道鸡龙台大阅兵场出席韩国建军67周年纪念活动。

伊朗

在伊朗，建军节定于波斯历的1月末，相当于公历的4月17日或18日。每年的这一天，伊朗都会在德黑兰南郊的霍梅尼陵墓举行大规模阅兵。除了军队方阵之外，伊朗还会在这一天展示新研制成功的各种武器装备，彰显自己的实力。

澳大利亚、新西兰

每年的4月25日，澳大利亚和新西兰同时会隆重庆祝一个节日——“澳新军团日”。这个共同的纪念日对两国军人来说非比寻常，因为这一天代表了两国军人共有的情结：英勇顽强，亲如手足。

“澳新军团日”是为纪念1915年4月25日在加里波利战役中牺牲的澳、新两国士兵而设立的。1916年4月25日，“澳新军团日”得到英国王室及英联邦国家的认可，举行了第一次纪念活动。此后，“澳新军团日”在澳大利亚和新西兰均被定为公众假日，是两国最重要的节日之一。

美国

在美国，与军人有关的最重要的节日是“退伍军人节”和“阵亡将士纪念日”。美国把每年5月最后一个星期一作为阵亡战士纪念日，纪念在美国内战中南北双方的阵亡将士。“退伍军人节”由第一次世界大战停战日（11月11日）演变而来。1968年，将“退伍军人节”改在每年10月的第4个星期一，美国大多数州都在这一天举行各种纪念活动。

英国

同美国一样，英国与军人有关的节日，最早也是设立在每年的11月11日，纪念在第一次世界大战中牺牲的无名烈士。但直到2009年，英国才有了真正意义上属于军人的节日。

2009年6月27日，100多个城镇举行活动，庆祝英国历史上第一个军人节，向军人、老兵及军属表达谢意。

超链接

美国建军节习俗

人们常常组织家庭聚会，用水仙花和雏（chú）菊把房间装饰一新。

1.多数美国家庭要在节日这天举办鱼宴，主人在节前向客人们发出邀请。

2.请帖是一条彩色纸板制成的小鱼，活泼别致。

3.餐桌用绿色和白色桌布装饰，中间摆放鱼缸和精巧的小钓鱼竿。

4.鱼竿上系着绿色飘带，飘带上拴着送给客人的礼物，如鱼形工艺品、装满糖果的小篮。宴会上，主人端上以鱼为原料精心烹（pēng）制的菜肴。

5.根据传统风俗，主人往往在宴会上给客人做假菜。有人对美国典型的建军节菜谱做过描绘：最先一道是“色拉”，嫩绿的莴苣（wō jù）叶上撒满胡椒，但拿开莴苣叶，露出来的却是牡蛎（lì）鸡尾酒；第二道菜为“烤土豆”，其实为甜面包末和鲜蘑菇，还有用西红柿色拉掩盖的覆盆子冰淇淋；以蟹（xiè）肉“伪装”的烤鸡。结束后，主人以糖果招待客人。不过，糖果不是放在果盘中，而是放在药盒里。

嘻嘻，美国的鱼宴真有意思！第一次听说，把糖果放在药盒里。
我喜欢中国的建军节，我将来也想当一名光荣的人民解放军！
我喜欢……

我的摘录

我的收获

我的创意设计

小读者，结识身边的解放军叔叔，下一个建军节来临时，你会为他们做些什么呢？可以帮他们的家人打扫卫生、唱首歌、聊聊天……

心灵驿站

到站了，休息，休息！

军旗，你是号角，你是明灯，你是战士们力量的源泉。

军旗，你是战士们心中不倒的神灵，你是旗手胸中不灭的精魂。

军旗，战士们用赤诚拥抱着你，先烈们用鲜血浸染着你。

军旗，你是我们心中最美丽的色彩！

亲爱的小读者，当你早晨喝完一杯豆浆，背着书包走向学校的时候，当你坐在明亮的书桌前开始一天学习的时候，当你和爸爸妈妈一起悠闲散步的时候……你有没有感觉到自己是多么幸福？也许你会觉得这很平常。可是，对于日夜守护在祖国边疆的解放军叔叔来说，这是多么珍贵的幸福啊！让我们意识到这些幸福吧，只有这样，我们才会深深地爱上解放军叔叔——因为他们确实是最可爱的人！

第十一站

抗战胜利纪念日，民族独立的宣言

亲爱的小读者，一个伟大的民族，一个伟大的国家，总是在对历史的一次次回望中不断汲取前行的力量。

每年9月3日，是中国人民抗日战争胜利纪念日……你想知道抗战胜利纪念日的来历吗？想了解那伟大的历史吗？让我们一起走进历史、走近英雄，聊聊抗战胜利带给我们的话题吧！

历史回放

抗战胜利纪念日

1931年9月18日，日本侵略者策动“九一八事变”，进而侵占中国东北。1937年7月7日，侵略者炮轰宛平县城，进攻卢沟桥，发动全面侵华战争。中国人民英勇抵抗。

在中国共产党倡导建立的抗日民族统一战线的旗帜下，以国共合作为基础，全国各族人民包括港澳台同胞、海外侨胞同日本侵略者进行了历时14年的艰苦卓绝的斗争。

1945年9月2日上午9时（东京时间），同盟国联合受降典礼在停泊于东京湾的美国军舰密苏里号上隆重举行。日本政府全权代表和大本营全权代表分别在投降书上签字，美国、中国、英国、苏联、法国、荷兰、澳大利亚、加拿大、新西兰的全权代表（中国代表为国民政府军事委员会军令部部长徐永昌将军）在日本投降书上签字确认，接受日本投降，投降书即刻宣告生效。至此，中国人民抗日战争胜利结束，宣告日本帝国主义彻底失败，世界反法西斯战争取得了完全胜利。

1946年4月，中国国民党中常会决议将庆祝胜利的9月3日，定为抗战胜利纪念日（“国定纪念日”）。新中国成立后，1949年12月23日，中央人民政府政务院公布了《全国年节及纪念日放假办法》，规定了“八一五抗战胜利纪念日”。1951年8月13日，中央人民政府政务院发布通告，将抗战胜利纪念日改定为9月3日。1999年9月18日，国务院对《全国年节及纪念日放假办法》进行修订，延续了9月3日为抗战胜利纪念日的规定。

2014年2月27日，十二届全国人大常委会第七次会议经表决，将9月3日确定为中国人民抗日战争胜利纪念日。

我们今天的生活来之不易，是无数的烈士用他们的生命换来的。让我们一起铭记历史，向英雄学习，写下对他们的赞歌吧！

超链接

同胞血战

8年全面抗战，在中国敌后战场和正面战场共进行重大战役200余次，大小战斗近20万次，歼灭日军154万余人，约占日军在第二次世界大战中死伤人数的70%。中国伤亡的3500余万人中，有3000余万为平民。

浴血而战，血战至死。中华民族用血肉之躯，筑起了一道新的长城！

1940年2月23日，年仅35岁的抗联英雄杨靖宇，在敌人的疯狂追杀下，永远倒在了青松旁的雪地上。

1940年，日军分三路进犯襄樊（xiāng fán）、宜昌。49岁的国民党第33集团军总司令张自忠上将身陷重围。5月16日，这位抗日名将，在日军的刺刀下壮烈殉国。

伟大胜利

1945年8月15日，日本天皇以“终战诏书”的形式宣布无条件投降。

1945年8月21日，日本乞降使向中方代表交出在华兵力部署图，接受了令其陆、海、空三军缴械（jiǎo xiè）投降的命令备忘录。

1945年9月2日，日本东京湾，密苏里号战列舰上，日本政府在投降书上签字后，接受投降的同盟国代表，包括中国的徐永昌将军，依次签字。

1945年9月3日，国民政府决定这一天为抗日战争胜利庆祝日。这个日子，也被全世界公认为世界反法西斯战争胜利日。

1945年9月9日，中国在南京正式接受日本投降。

人物点击

杨靖宇　原名马尚德，河南确山人，中国共产党优秀党员，无产阶级革命家、军事家，著名抗日民族英雄，鄂豫皖苏区及其红军的创始人之一，东北抗日联军的主要创建者和领导人之一。

1932年，杨靖宇受党中央委托到东北组织抗日联军，历任抗日联军总指挥政委等职。率领东北军民与日寇血战于白山黑水之间，他在冰天雪地，弹（dàn）尽粮绝的紧急情况下，孤身一人与大量日寇周旋战斗几昼夜后壮烈牺牲。杨靖宇将军被评为100位为新中国成立做出突出贡献的英雄模范之一。

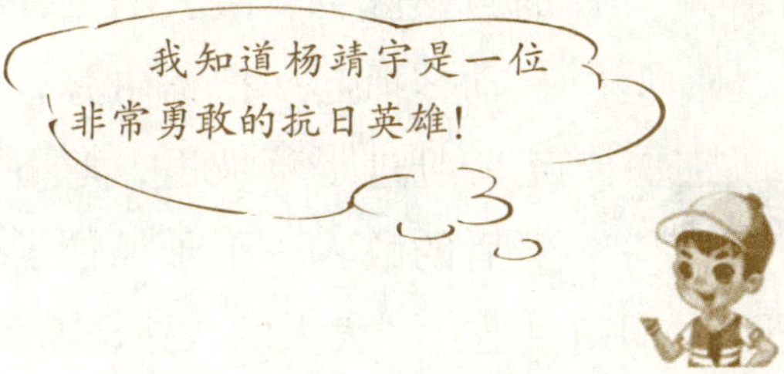
我知道杨靖宇是一位
非常勇敢的抗日英雄！

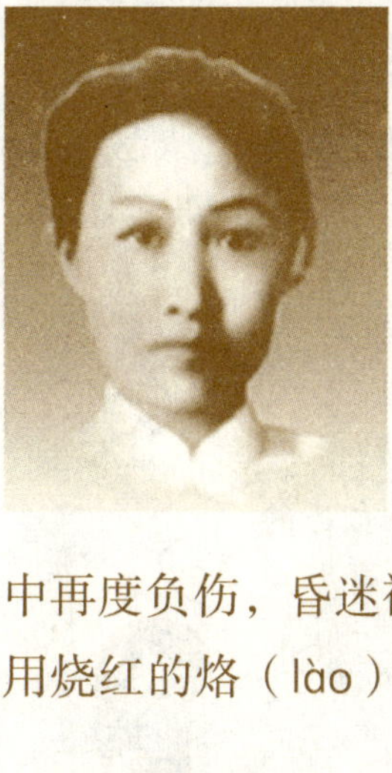

赵一曼　著名的抗日民族女英雄。1926年加入中国共产党。九一八事变后，被派往东北地区发动抗日斗争。1935年秋，任东北抗日联军第三军第二团政治委员。11月间，第二团被日伪军围困在一座山里。她协助团长指挥作战，与敌军激战多日，连续打退敌军6次进攻。为掩护部队突围，身负重伤。后在珠河县春秋岭附近一农民家中养伤，不幸被日军发现，战斗中再度负伤，昏迷被俘。日军对她施以酷刑（kù xíng），用钢针刺伤口，用烧红的烙（lào）铁烙皮肉，逼其招供。她宁死不屈，严词痛斥日军侵略罪行。1936年8月2日，在珠河被敌杀害。临刑前，她高唱《红旗歌》，高呼：“打倒日本帝国主义！”“中国共产党万岁！”视死如归，从容就义。时年31岁。

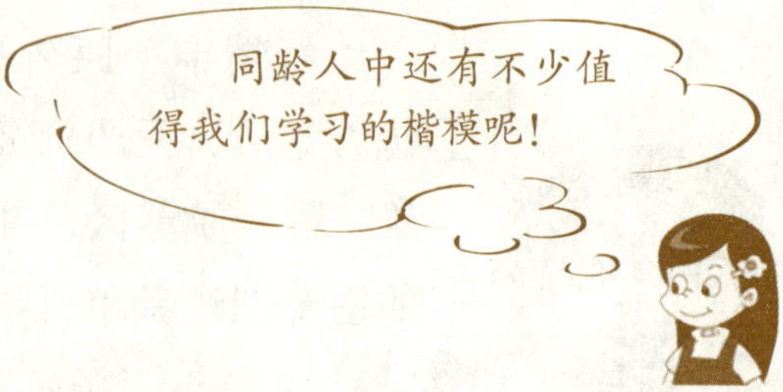
同龄人中还有不少值得我们学习的楷模呢！

少年儿童与抗战

LI AI MIN
李爱民

李爱民 是太行山区的一个抗日小英雄。1942年春天，11岁的李爱民担任村抗日儿童团团长。有一天，八路军的钟营长让他穿过敌人的封锁线去送一件“火急”信。一路上还算顺利。眼看就到敌人的封锁区了，敌人的流动哨盯上他了。李爱民灵机一动，抓起一把稀牛粪，涂得满身都是，然后把小毛驴赶进了草坡里，弯下腰割起青草来。已绕到他身后的敌人一下子抓住了他的衣领。另一个日本军官直盯着李爱民的眼睛吼道：“大大的八路，抓起来！”“我是来放驴割草的。你们看，那不是我的小黑驴吗？”李爱民机智地回应。鬼子看他满身是粪，一脚把他踢倒，又嘟囔了几句，掉头而去。小爱民忍着剧痛顺利完成了送信的任务。第二天深夜，鬼子在这里的临时据点被我八路军十四团战士和联防民兵收拾掉了。可惜，这个抗日小英雄在1943年为保护乡亲落入敌手，倒在了敌人的屠刀下。那年，他才12岁。

我们少年儿童也为祖国的抗战胜利做出了很多贡献！
我们也要用自己的努力报效我们的国家。

超链接

抗日儿童团

即广大抗日根据地在抗战中成立的儿童组织。

尽管与敌人的斗争非常艰苦，广大抗日根据地仍处处成立了抗日儿童团，把儿童纳入组织的关怀。毛泽东和朱德曾多次题词勉励儿童团员。

儿童团的主要任务是学习、生产，同时也担负着“宣传抗日”“侦察敌情捉汉奸”“站岗放哨送书信”等任务。

在百团大战中，王家峪儿童团帮助八路军割草喂马，为前线送干粮；晋察冀边区儿童团破坏日军的交通干线近百次，牵制了敌人的进攻和扫荡，有力地支援了抗战。

儿童团的成立不仅给孩子们的生活带去了乐趣和希望，同时也壮大了抗日队伍的力量，为抗战胜利做出了巨大的贡献，培养了一大批优秀的革命接班人。

小知识

侦察：为获取敌方与军事斗争有关的情况而采取的行动。

晋察冀：也叫晋察冀边区，是抗日战争时期中国共产党领导的敌后抗日根据地之一。中共中央和毛泽东誉之为“敌后模范的抗日根据地及统一战线的模范区”。

说一说

读了小英雄李爱民的故事，你想说点什么？

我也说说：

经典呈现

《保卫黄河》是《黄河大合唱》第七乐章，是抗日军民广为传播的一首歌曲。全曲以短促跳动、振奋人心的音调，响亮的战斗口号，铿锵有力的节奏，形象地刻画了游击健儿端起土枪洋枪、挥动大刀长矛，在青纱帐里、万山丛中，为保卫黄河、保卫全中国而战斗的壮丽场景。

《保卫黄河》

词：光未然
曲：冼星海

风在吼，
马在叫，
黄河在咆哮，
黄河在咆哮，
河西山冈万丈高，
河东河北高粱熟了，
万山丛中，
抗日英雄真不少！
青纱帐里，
游击健儿逞英豪！
端起了土枪洋枪，
挥动着大刀长矛，
保卫家乡！
保卫黄河！
保卫华北！
保卫全中国！

这首歌激励着一代又一代的中华儿女，为祖国的未来不断奋进着！

《大抗战》

为作大抗战精神点赞——大型文献纪录片
大抗战

作为一部百集大型文献纪录片，本着实事求是、用史实说话的态度，挖掘出1000余小时由各国记录的战场原声影像、10万张高清真实照片，整理手稿、通讯、报纸文摘等重要文献千余份。以时间为经、以事件为纬、以人物为切入点，用新视角、新理念、新资料、新技术，对从九一八事变开始至日本投降的14年抗日战争，进行全面系统、客观生动的历史回顾。

《中国抗日战争史简明读本》

中国抗日战争史
简明读本
《中国抗日战争史简明读本》编写组

本书全面回顾了自1931年九一八事变到1945年日本宣布投降14年间，中国抗击日本侵略的艰难曲折的战争历史。对国民党军队前期在正面战场的浴血奋战，抗日民族统一战线形成后中国正面和敌后两个战场的战略配合，敌后战场逐步成为全国抗日主战场等重大历史问题做了实事求是的历史还原。对日本侵略者对中国人民犯下的滔天罪行，中国战场与盟军共同对日展开战略反攻等抗日战争的有关历史细节都做了详细的记录探讨。

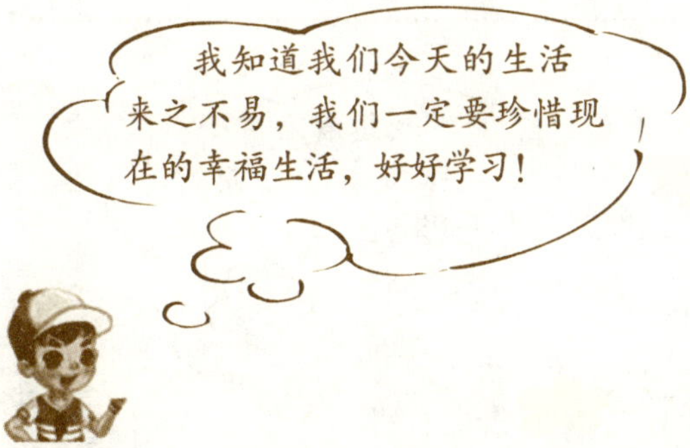
我知道我们今天的生活来之不易，我们一定要珍惜现在的幸福生活，好好学习！

我很想看看有关抗日英雄的电影。

《小兵张嘎》

小兵张嘎

故事以抗日战争时期的河北保定白洋淀为背景，讲述了生活在冀中白洋淀的小男孩张嘎在奶奶、老钟叔、老罗叔、区队长等人的引导下，成为一名名副其实的八路战士的过程。

这是一部很有特色的儿童军事题材影片。它通过寓意丰富的细节安排和少年儿童所特有的心理活动的描写，真实自然地塑造了一个性格鲜明的少年英雄形象。主人公一身“嘎气”，倔头强脑却又聪慧勇敢。编导紧紧把握住分寸，不让他超出时代及儿童的特点，使之令人信服。具有含蓄和抒情意味的白洋淀风光，烘托出小主人公成长的环境与氛围。张嘎及片中其他几个纯朴儿童的形象，影响了整整一代小观众。

超链接

申報

非常措置收拾時局

日皇頒和平詔書

命政府接受中美英蘇共同宣言

《申报》：日皇颁和平诏书命政府接受中美英苏共同宣言

日本无条件投降后，国内一片欢欣，大公报及其他报纸都用整版篇幅来介绍战争结束事宜，欣喜之情跃然纸上。

亲爱的小读者，现在我特别想看一些描写小英雄的文学作品或讲述小英雄故事的电影，你们肯定也想吧？

我想看看《小兵张嘎》，还想看电影《王二小》。

活动集锦

中国抗战胜利纪念活动

2015年9月3日，中国人民抗日战争暨世界反法西斯战争胜利70周年纪念大会在北京隆重举行，20架直升机在空中组成“70”字样通过天安门广场。三军仪仗队方队接受检阅。阅兵过程让人印象深刻，许多瞬间都被定格下来，成为永恒的纪念。

首次针对重大纪念日举行阅兵

此次阅兵是我国在国庆之外，首次针对重大纪念日举行的阅兵式。首先出场的空中护旗方队采取纪念字样编队飞行，突出纪念抗战胜利70周年主题，表达人民军队为实现强国梦、强军梦不懈奋斗的信念和决心。

领导人检阅车首次悬挂国徽

在发表完讲话之后，习近平乘坐悬挂国徽车牌的车，驶过金水桥开始检阅部队。值得注意的是，这是新中国成立66年来，国家领导人乘坐的阅兵车首次悬挂国徽。

三军仪仗方队女兵首现阅兵场

此次阅兵式上，三军仪仗队方队采取男女混编组队形式出现在了阅兵场上，这在中国阅兵历史上是第一次。

合唱团队员首次参加阅兵

为烘托纪念活动气氛，解放军联合军乐团、合唱团担负纪念活动现场的奏唱任务，主要由解放军军乐团和从全军部队抽调的军乐骨干，以及从全军7所军事院校抽调的学员约2400人组成，一起奏唱《抗日军政大学校歌》《保卫黄河》《在太行山上》《人民军队忠于党》等近30首反映抗战时期的经典歌曲和富有时代特征的乐曲。

国共两党老兵首次共同接受检阅

徒步方队通过检阅后，300多名平均年龄90岁的抗战老战士、抗日英烈子女和抗战支前模范代表，在武警国宾摩托护卫队的护卫下，乘墨绿色敞篷中巴车通过天安门广场接受检阅。他们胸前挂着金光闪闪的勋章，齐齐举起右臂朝向天安门方向敬礼。许多老兵在这一刻都流下了激动的泪水。

将军首次担任阅兵方队领队

在“9·3”大阅兵中，每个徒步方队、装备方队至少有1名将军担任领队。这些领队将军由56名来自全军各大单位的现役中将、少将组成。最高军衔是中将，中将受阅在新中国以前的历次阅兵中从未有过。

在阅兵式开始时，5位中将乘坐吉普车亮相，率领装备方队接受检阅。另外，已年过六旬的空军副司令也亲自驾机飞越天安门上空接受检阅。

外国军队首次参加天安门阅兵

此次有11个国家派方队、6个国家派代表队来华参加阅兵。白俄罗斯、古巴、埃及、哈萨克斯坦、吉尔吉斯斯坦、墨西哥、蒙古国、巴基斯坦、塞尔维亚、塔吉克斯坦、俄罗斯11个国家派方队参加阅兵，阿富汗、柬埔寨、斐

济、老挝、瓦努阿图、委内瑞拉6个国家派代表队参加阅兵，上述17个国家及法国、波兰、马来西亚、韩国等共31个国家派军队观摩团参加阅兵观礼。外军方队、代表队近1000人规模参加分列式，每个方队正式参阅人数为75人左右，每个代表队7人左右。

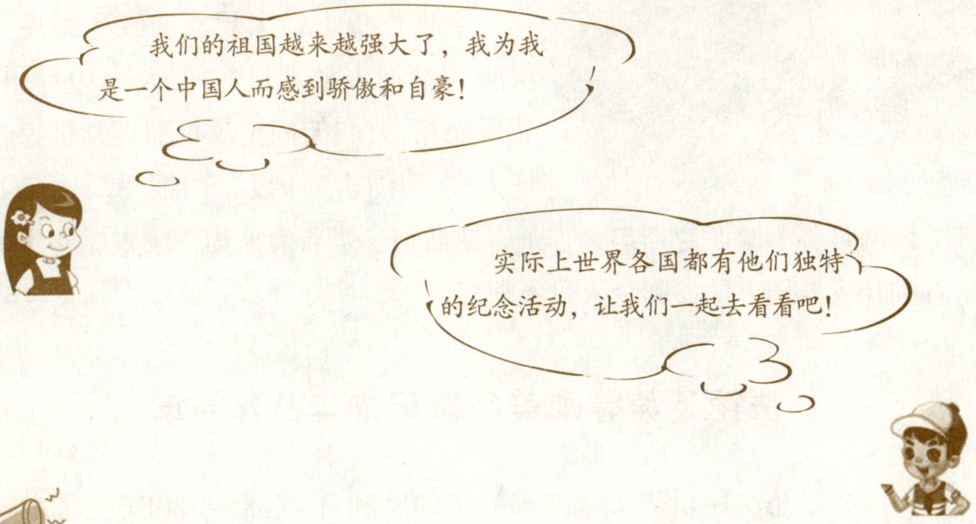
我们的祖国越来越强大了，我为我是一个中国人而感到骄傲和自豪！
实际上世界各国都有他们独特的纪念活动，让我们一起去看看吧！

超链接

仪式上的数字寓意

为何鸣放14声礼炮，升空14000只气球，放飞3500羽和平鸽？这些看似平常数字，其实是有意安排的。这次仪式上的精心安排和纪念馆里的一些固定设施，其实都有着深刻意义。

仪式现场有14个方阵，包括抗战老战士、抗战烈士亲属、国际友人遗属方阵、嘉宾方阵、少数民族方阵、大中小学生方阵、解放军和武警部队官兵方阵、机关干部及各界群众方阵以及140面彩旗方阵等；仪式上，鸣响了14声礼炮；现场放飞14000只气球，象征从1931年九一八事变到1945年日本投降，中国人民艰苦卓绝的14年抗战历程。

现场放飞3500羽和平鸽，象征在抗日战争中，中国付出伤亡3500万军民的沉痛代价，为世界反法西斯斗争做出了不可磨灭的贡献。

俄罗斯红场阅兵

ПОБЕДА!
70 ЛЕТ

2015年5月9日，是俄罗斯卫国战争胜利70周年纪念日，26国领导人前往克里姆林宫参加庆典活动，并出席红场的阅兵。它是俄现代史上最大规模的红场阅兵。此次阅兵参加人数超过1.6万人，194件装甲装备亮相，143架固定翼机和直升机掠过红场上空。中国、印度、白俄罗斯、亚美尼亚、阿塞拜疆、哈萨克斯坦、吉尔吉斯斯坦、塔吉克斯坦、蒙古、塞尔维亚等国的10支外国方队参阅令人目不暇接。

法德英美等欧美国家纪念二战70周年

5月8日是第二次世界大战欧洲战场的胜利日,欧洲多国和美国都举行隆重仪式以纪念这个历史性的日子。

2015年5月8日，美国、英国、法国、德国、比利时、奥地利、波兰、乌克兰、塞尔维亚、克罗地亚等多个国家纷纷举行不同形式的活动，隆重纪念这一重要历史时刻。

美国多地在5月8日举行不同形式的纪念活动。在华盛顿，人们身着二战时期服装跳起舞蹈。

英国各地从5月8日起连续3天举办多场活动纪念二战胜利70周年。三天的活动还包括默哀仪式、老兵游行以及飞行表演等。

法国多地举行系列活动纪念二战欧洲胜利日70周年。法国总统奥朗德在巴黎主持典礼，呼吁年轻一代继承二战时法国抵抗运动的精神，并与到访巴黎的美国国务卿克里共同悼念在二战中牺牲的将士。

5月8日当天，德国联邦议院和参议院在柏林的国会大厦共同举行活动纪念二战结束70周年，德国总统、总理、两院议长以及各党派政治家出席。在联邦议院的活动结束后，总统高克前往德国东部小城莱布斯的苏联红军陵园，向牺牲的苏联红军战士敬献花圈并发表讲话。

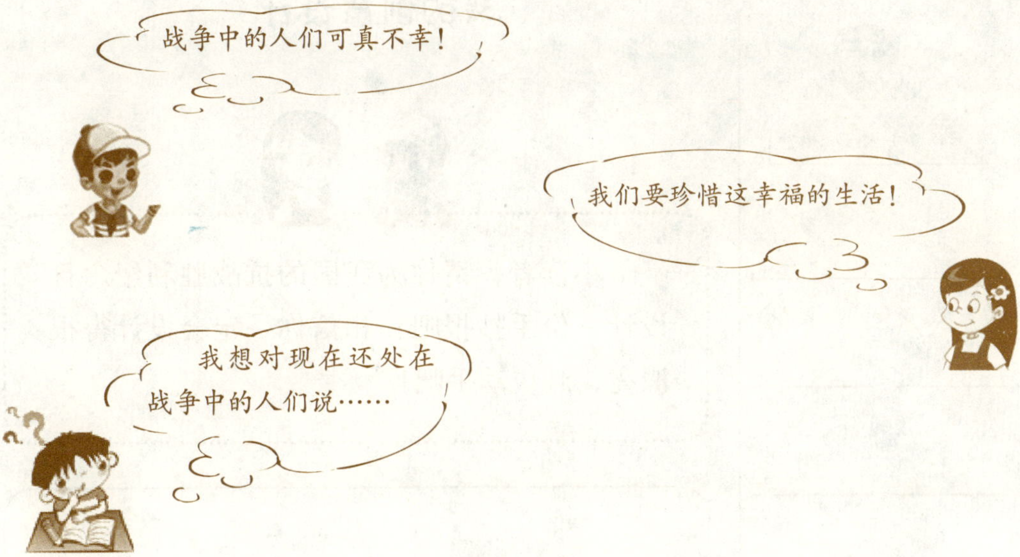
战争中的人们可真不幸！
我们要珍惜这幸福的生活！
我想对现在还处在战争中的人们说……

小学生的纪念活动

为了纪念抗战胜利70周年，缅怀革命先烈，铭记革命历史，感念先辈恩德，进一步加强未成年人爱国主义教育、革命传统教育和感恩教育，全国各地的中小学分别举行了祭扫活动。

渭南市临渭区育红小学的200余名优秀少先队员参加了“祭扫王尚德烈士陵园”活动。祭扫活动开始后，首先由4名少先队员为烈士墓碑敬献了花圈，全场肃立，全体少先队员向烈士纪念碑敬以崇高的队礼；辅导员老师宣讲了王尚德烈士的英勇事迹，给队员们上了一堂感人肺腑的革命传统教育课，全场人员怀着沉重的心情对革命烈士进行了默哀。接着，队员们齐声高唱《我们是共产主义接班人》，嘹亮的歌声响彻云霄；并向革命烈士敬献了《过零丁洋》《绝命诗》《囚歌》《就义诗》等壮丽诗篇，可谓豪情万丈。

通过祭扫活动，少先队员们的思想受到了洗礼，心灵得到了净化，深深体会到今天和平与幸福的生活来之不易，激发了他们的爱国热情，增强了他们的历史使命感。相信，他们一定会继承先烈的遗志，踏着革命先烈的足迹奋勇向前，为实现伟大而美丽的中国梦和全面建成小康社会贡献自己的聪明才智。

我的摘录

我的收获

我的创意设计

小读者，请你为我国的抗战胜利纪念日设计一份手抄报吧！相信你一定会设计得很漂亮，赶快动手吧！

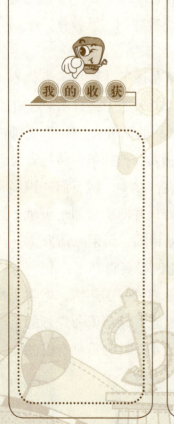

心灵驿站

到站了，休息，休息！

那是一段血与泪的岁月，
那是一部沉重的灾难史，
那是每一个中国人心中永远的痛。
但是即使流泪我们也要面对，
纵使跌倒也要再度站起，
只因那依旧是我们近代历史上，
最为骄傲与华彩的篇章。

亲爱的同学们，让我们铭记历史，秉承着革命先烈的伟大精神不断前进，前进，再前进！

9月3日是抗战胜利日。请大家用手中的笔，记下你的感悟吧！

第十二站

“十一”，幸福的日子

亲爱的小读者，你一定知道每年一到“国庆节”，举国上下有无数国旗随风飘扬，到处都充满了欢声笑语，人民齐欢腾，锣鼓尽情敲，鞭炮响云霄，花儿尽情笑，歌舞尽情跳。56个民族心连心，无数民众以各种不同的形式庆祝国庆节，同祝祖国繁荣昌盛，辉煌腾达。可你知道国庆节的来历吗？想了解更多的有关国庆节的知识吗？还等什么呢？那就让博博和文文领着我们一起去看看吧！

历史回放

国庆节的来历

亲爱的小读者，你一定和家人或同学在10月1日这天，手举红旗，载歌载舞地欢庆中国的重大节日——国庆节。当你沉浸在欢愉之中，幸福之中，可曾知道这一节日的来历吗？

中国人民在中国共产党的领导下，前赴后继，取得了人民革命的伟大胜利，结束了长时期被压迫、被奴役的历史。

1949年9月21日至30日，中国人民政治协商会议第一届全体会议，在北平隆重召开。这次会议，代行全国人民代表大会的职权，通过了具有临时宪法作用的《中国人民政治协商会议共同纲领》和《中华人民共和国中央人民政府组织法》《中国人民政治协商会议第一届全体会议宣言》，选举了中央人民政府委员会。毛泽东当选为中央人民政府主席。会议一致通过了这样的决议，即：中华人民共和国首都定于北平，并将北平改名北京，纪年采用公元，将《义勇军进行曲》定为国歌，国旗为五星红旗。

1949年10月1日，中央人民政府委员会举行第一次会议，一致决议，接受中国人民政治协商会议共同纲领为政府施政方针，任命周恩来为政务院总理，兼外交部长。当天，在新中国首都北京，30万军民在天安门广场

集会，隆重举行开国大典，毛泽东宣读中央人民政府公告，庄严宣告伟大的中华人民共和国成立。

为了纪念这个伟大的日子，中央人民政府委员会在同年12月2日召开的第四次会议上决定，以每年10月1日为中华人民共和国的国庆节。从此，我国的国庆节就这样延续下来。

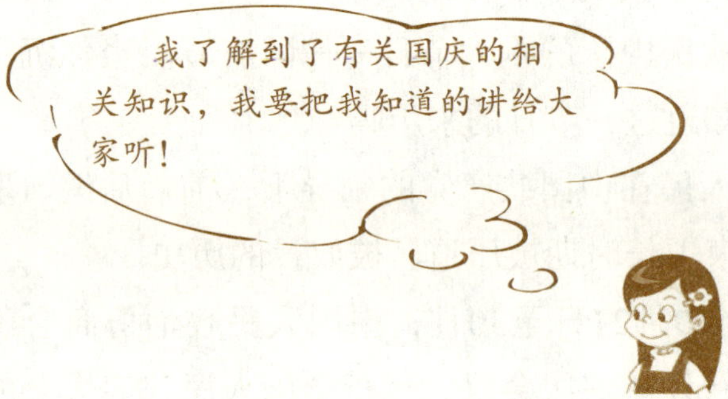
我了解到了有关国庆的相关知识，我要把我知道的讲给大家听！

超链接

世界各国国庆日

1月26日	澳大利亚日	2月6日	新西兰国庆日
3月17日	爱尔兰国庆日	4月17日	叙利亚国庆日
5月3日	波兰国庆日	6月2日	意大利共和国成立日
7月4日	美国独立日	7月14日	法国国庆日
8月9日	新加坡独立日	8月19日	阿富汗国庆日
9月18日	智利独立日	10月1日	中国国庆日
10月3日	德国国庆日	11月22日	黎巴嫩独立日
12月1日	罗马尼亚国庆日		

人物点击

伟大领袖毛泽东

毛泽东（1893年12月26日—1976年9月9日），字润之。湖南湘潭人。伟大的无产阶级革命家、军事家、政治家，中国人民解放军和中华人民共和国的主要缔造者，中国共产党的第一代中央领导人。

他建立了中国第一块革命根据地——井冈山革命根据地，为中国革命指明了前进的方向。他领导人民夺取了新民主主义革命的胜利，人民从此站起来了，成了国家的主人。

从1949年到1976年，毛泽东是中华人民共和国的最高领导人。他对马克思列宁主义的发展、军事理论的贡献以及对共产党的理论贡献被称为毛泽东思想。毛泽东担任过的主要职务几乎全部称为"主席"，所以被尊称为毛主席。毛泽东被视为现代世界历史中最重要的人物之一，《时代》杂志将他评为20世纪最具影响100人之一。

人民的好总理周恩来

周恩来（1898年3月5日—1976年1月8日），字翔宇，原籍浙江绍兴，生于江苏淮安。

周恩来总理是毛主席的亲密战友，为赶走帝国主义，打败国民党反动派，推翻压在中国人民头上的"三座大山"，解放全中国立下了不朽功勋，是中华人民共和国建国后的第一位国务院总理兼外交部长。

周总理的一生，同中国共产党的建立、发展、壮大，同我国新民主主义革命的胜利和社会主义革命及建设的历史进程紧密联系在一起。他毫无保留地把毕生精力奉献给了党和人民，直到生命的最后一息。他的卓著功勋、崇高品德、光辉人格，深深铭刻在全国各族人民心中。

开国元勋朱德

朱德（1886年12月1日—1976年7月6日），原名朱代珍，字玉阶，四川仪陇人。中国人民解放军创始人和领导者，中国现代史上最杰出的军事家与政治家，共和国元帅。他协助毛泽东同志，运筹帷幄，决胜千里，指挥人民解放军彻底推翻了国民党反动派在中国大陆的统治，领导我们党团结全国各族人民建立了中华人民共和国。他为中国人民解放事业和社会主义建设事业建立了不朽功勋，他忠厚仁慈，给世人留下了质朴而崇高的元帅形象，深受全党全军全国各族人民的崇敬与爱戴。

经典呈现

《盛世大阅兵》

大型电影纪录片
盛世大阅兵
新中国成立60周年国庆阅兵纪实

这部影片，全方位、多角度地展现了新中国成立60周年国庆首都阅兵盛况，充分展示了国防和军队现代化建设的巨大成就，展示了我军听党指挥、服务人民、英勇善战的精神风貌和威武之师、文明之师、胜利之师的良好形象及“军民齐心一家亲”的思想。

《中华国魂》

中华国魂

这是一部历史的铁血巨著，讲述了从1840年中国遭受侵略，直到1952年抗美援朝胜利100多年里，涌现出来的可歌可泣的民族英雄的感人故事。它诠释了什么是英雄，什么是民族的魂魄。

《建国大业》

建国大业
THE FOUNDING OF A REPUBLIC

这是2009年为庆祝中华人民共和国成立60周年的献礼作品。影片讲述了从1945年抗日战争结束到1949年新中国成立前夕发生的一系列故事，以第一届全国政协会议的筹（chóu）备为主线，反映了新中国成立前夕的那段风云岁月。在抗战结束之后以毛泽东为首的共产党人通过建立广泛的爱国统一战线，获得了全中国人民群众的支持，在一场场决战中一个新中国诞生了。

看到新中国今天伟大的基业，都是革命先烈们抛头颅洒鲜血换来的，今后我们要更加珍惜这幸福的时刻，长大后也为祖国献一份力。

今天是你的生日

谷建芬 曲
韩静霆 词

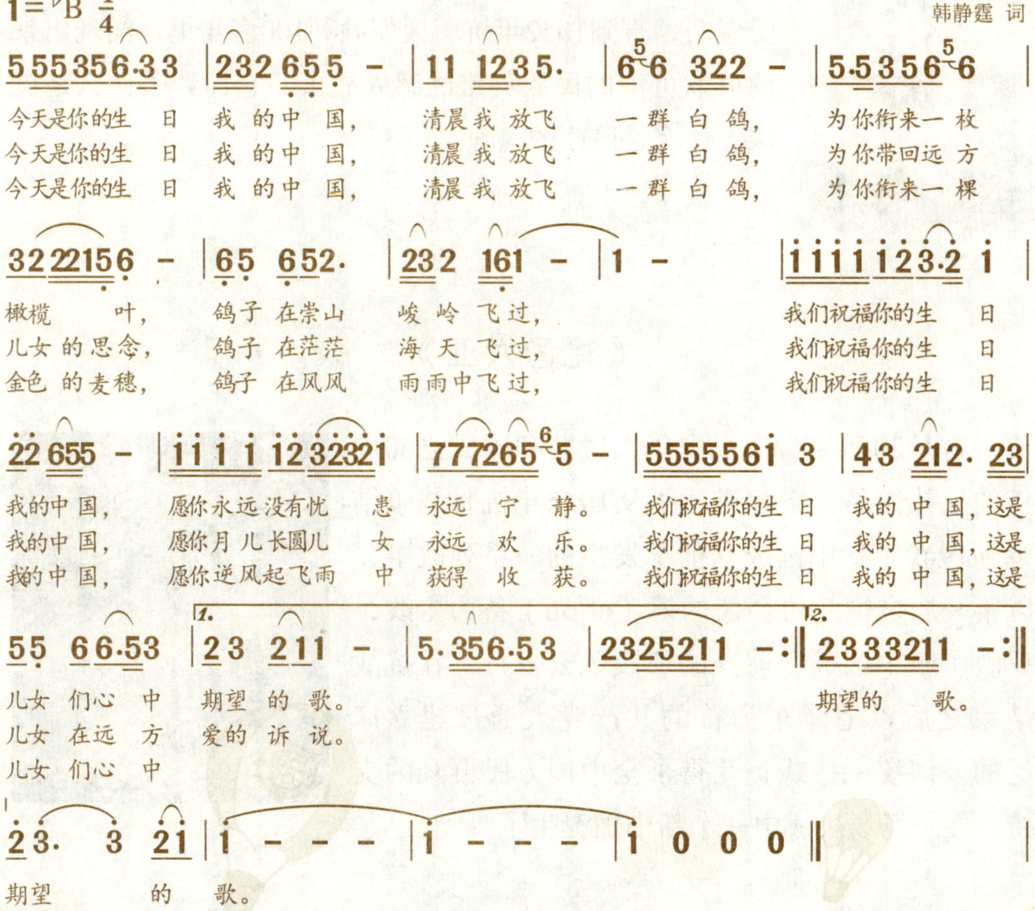
1=♭B 4/4
今天是你的生 日 我 的中 国， 清晨我 放飞 一群 白 鸽， 为你衔来一 枚
今天是你的生 日 我 的中 国， 清晨我 放飞 一群 白 鸽， 为你带回远 方
今天是你的生 日 我 的中 国， 清晨我 放飞 一群 白 鸽， 为你衔来一 棵
橄榄 叶， 鸽子 在崇山 峻 岭 飞过， 我们祝福你的生 日
儿女 的思念， 鸽子 在茫茫 海 天 飞过， 我们祝福你的生 日
金色 的麦穗， 鸽子 在风风 雨雨中飞过， 我们祝福你的生 日
我的中 国， 愿你永远没有忧 患 永远 宁 静。 我们祝福你的生 日 我的 中 国，这是
我的中 国， 愿你月儿长圆儿 女 永远 欢 乐。 我们祝福你的生 日 我的 中 国，这是
我的中 国， 愿你逆风起飞雨 中 获得 收 获。 我们祝福你的生 日 我的 中 国，这是
儿女 们心 中 期望 的 歌。 期望的 歌。
儿女 在远 方 爱的 诉 说。
儿女 们心 中
期望 的 歌。

这首歌曲唱出了人们热爱祖国的心声。
好多人都会唱这首歌，我也很喜欢！

超链接

《今天是你的生日》是1989年为庆祝中华人民共和国成立40周年而创作的一首纪念歌曲。由韩静霆（tíng）作词，谷建芬作曲。听过这首歌的人无不被那真挚的歌词和优美的旋律所倾倒，这首歌红遍了大江南北，受到了热烈的欢迎，被广泛传唱。现在这首歌曲已被选入六年级音乐书中，让更多的少年儿童唱会这动人的歌曲。

《今天是你的生日》本来的名字叫"十月是你的生日"，后来董文华翻唱后，更多的唱成了"今天是你的生日"，因为想到以前的歌名只能在10月1日唱，所以改名了。不管歌名改成什么，如今只要人们一听到这首歌，那种浓浓的爱国情怀便会油然而生。

我想读一读《中华国魂》这本书，了解那些英雄们保家卫国的故事。
我想看看《建国大业》这部电影，还想再看看国庆大阅兵的盛况。
我想……

活动集锦

小读者，世界各国在国庆节这一天，都会有好多的庆祝活动，他们以不同的方式表示着对祖国、对人民的热爱之情。相信你已经迫不及待地想要去看看。那还等什么呢？赶快行动吧！

中　国

张灯结彩　每逢国庆佳节，各企事业单位都会挂起灯笼或横幅，用“欢度国庆”等标语来庆祝；公园、广场和主要街道沿线都会进行花卉布置，用欢乐的气氛来迎接国庆。从1986年开始，天安门广场每年都会围绕当年国家经济、社会发展的新特点进行设计布置广场中心主题大型花坛供人们观赏。

国庆阅兵　新中国成立之后，根据中国人民政治协商会议的决定，把阅兵列为国庆大典的一项重要内容。

从1949年新中国成立至今，国庆节阅兵共举行了14次。除1949年开国大典的阅兵式外，给人印象最深刻的就是1984年国庆35周年、1999年国庆50周年和2009年国庆60周年的三次国庆大阅兵。通过阅兵仪式既可庆祝国庆，扬我国威，也向全世界展示了我国强大的国防力量，让全国人民感受到强烈的自豪感。

天安门升旗仪式　利用国庆长假去北京游玩的人们，通常会赶早来到天安门广场看国旗班的军人升旗，以表达对祖国的无比热爱之情。

国庆联欢会　国庆前后，各企事业单位为了庆祝国庆，弘扬企业文化，都会组织员工开展迎国庆联欢会，用文艺表演的形式来表达国庆的喜悦。

国庆长假 我国于1999年修订发布《全国年节及纪念日放假办法》，将国庆节与相邻的周六、日组合为七天的国庆长假，用放假的形式，让老百姓共同感受国庆的欢乐。国庆长假是我国的黄金周之一，"长假"的制定，主要目的是推动"假日经济"，通过长假启动内需，创造出一些新的需求。由于周末和节假日本来就是商业消费的集中时间，七天长假更是旅游、交通和商业集中时段，相对于商家赚钱的商机，媒体称为"黄金周"。此外国家规定，自2012年起，国庆期间私家车可以在高速公路上免费通行。

美 国

美国国庆日也称"美国独立日"，定在每年的7月4日，以纪念1776年7月4日大陆会议在费城正式通过《独立宣言》。

美国人庆祝国庆的一个很大特点，是民众自发参与程度很高。每年的这一天，全美大大小小的教堂钟声齐鸣，各地居民自发地举行庆祝游行。一般情况下，这天参加游行的民众可以选择各式各样的妆束，组成小乐队，载歌载舞，拥上街头。

大街上更是成为一片欢乐的海洋，各式彩车、模型车、杂技车等同欢乐的人群一起，组成了浩浩荡荡的游行队伍。游行结束后，人们聚集在公园或其他一些公共场所，以自己喜欢的方式共同欢度这一盛大的节日。

意大利

"意大利共和国日"是意大利的国庆日，定在每年的6月2日，以纪念意大利在1946年6月2日至3日以公民投票形式废君主国体并建立共和国体。这一天，意大利总统、驻外使领馆都会举行招待会，首都罗马还会举行隆重的阅兵仪式以示庆祝。

2016年6月2日，在首都罗马举行了庆典活动。特技飞行队在空中拉出代表意大利国旗颜色的红白绿三色烟雾，庆祝意大利共和国成立70周年。

挪　威

5月17日是挪威的“宪法日”，也是该国的国庆日，以纪念1814年5月17日通过第一部宪法。在这个盛大的节日里，成千上万的人穿着民族服装，欢度佳节。

2015年5月17日在挪威首都奥斯陆，身穿民族服装的学生怀着激动的心情参加游行活动，庆祝国庆日。

韩　国

人類幸福
17년 개천절 “하늘이 열린 날! 인성의 꽃이 피

韩国与其他国家有所不同，有4个国庆日：3月1日纪念反抗日本帝国主义统治而掀起的“三一运动”诞生的“三一节”；7月17日纪念1948年大韩民国宪法颁布的“制宪节”；8月15日为了纪念1945年韩国从日本压制下解脱找回了国权，纪念1948年大韩民国政府建立的“光复节”；10月3日纪念公元前2333年，国祖檀君创建最初的民族国家“檀君朝鲜”的“开天节”。其中，8月15日的“光复节”是四个国庆日中地位最高的节日。

开天节期间，韩国家家户户门前和街道两旁都挂起了太极旗，各界都举行庆祝建国的仪式。

法　国

7月14日是法国的巴士底日，即法国的国庆日。法国将国庆设在7月14日旨在纪念1789年这一天起义民众攻占了巴士底狱，这一事件标志着法国大革命的爆发。

国庆节是法国最隆重的民众节日。这天，全国放假一天。节日前夕，家家户户都挂起彩旗，所有建筑物和公共场所都饰以彩灯和花环，街头路口架起一座座饰有红、白、蓝三色布帷的露天舞台，管弦乐队在台上演奏着民间流行乐曲。

在法国，每年国庆节的阅兵式是庆典活动的重头戏，每到了国庆节，都要在香榭丽舍大街上举行大规模的阅兵仪式。

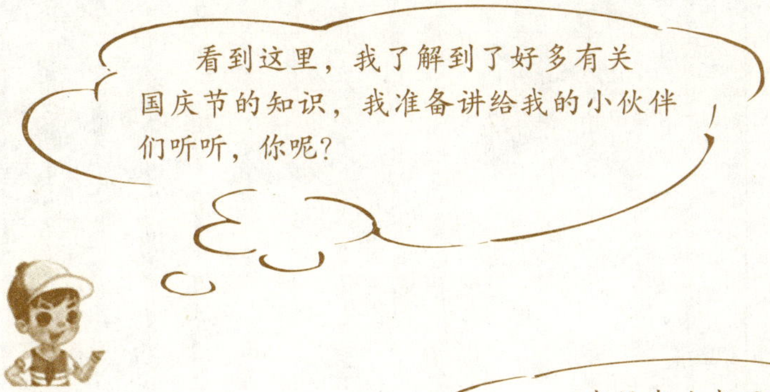
看到这里，我了解到了好多有关国庆节的知识，我准备讲给我的小伙伴们听听，你呢？

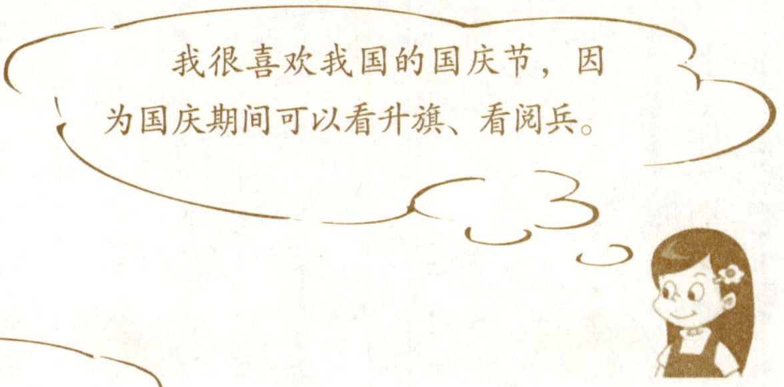
我很喜欢我国的国庆节，因为国庆期间可以看升旗、看阅兵。

我是想……

我的摘录

我的收获

我的创意设计

小读者，世界各国的国庆节庆祝活动各不相同，这一刻，我想把我喜欢的画下来，你呢？

心灵驿站

到站了，休息，休息！

亲爱的小读者，经过本站的阅读，你一定了解了不少有关国庆的知识，同时也一定感到今天的幸福生活来之不易。让我们珍惜今天的幸福生活，铭记那些为祖国奋斗、牺牲的英雄战士，抓住时机，从小事做起，奋发图强……

相信不久的将来，你们也会成为建设祖国的栋梁之材。

第十三站

"12·13"，永远的伤痛

亲爱的小读者，在中国历史上，有一个非常沉重的日子——1937年的12月13日。这一天，侵华日军侵入南京实施长达40多天灭绝人性的大屠杀，30万生灵惨遭杀戮，这是中华民族永远不能遗忘的一段血泪史。

从1994年开始，江苏和南京都会在每年的12月13日举行哀悼仪式，如撞和平钟、敬献花圈等。

2014年2月27日，中国十二届全国人大常委会第七次会议通过决议，将每年的12月13日设立为南京大屠杀死难者国家公祭日。决议的通过，使得对南京大屠杀遇难者的纪念上升为国家层面。

今天，就让我们跟随博博、文文一起，走进那段屈辱的岁月……

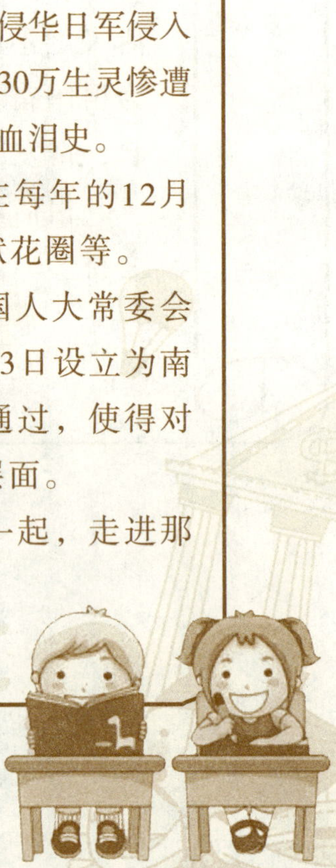

历史回放

国家公祭日的来历

国家公祭

1937年12月13日，侵华日军在中国南京开始对我同胞实施长达40多天惨绝人寰（huán）的大屠杀，制造了震惊中外的南京大屠杀惨案，30多万人惨遭杀戮。这是人类文明史上灭绝人性的法西斯暴行。这一公然违反国际法的残暴行径，铁证如山，早有历史结论和法律定论。

2014年2月27日，为了悼念南京大屠杀死难者和所有在日本帝国主义侵华战争期间惨遭日本侵略者杀戮的死难者，揭露日本侵略者的战争罪行，牢记侵略战争给中国人民和世界人民造成的深重灾难，表明中国人民反对侵略战争、捍卫人类尊严、维护世界和平的坚定立场，第十二届全国人民代表大会常务委员会第七次会议决定：将12月13日设立为南京大屠杀死难者国家公祭日。每年12月13日国家举行公祭活动，悼念南京大屠杀死难者和所有在日本帝国主义侵华战争期间惨遭日本侵略者杀戮的死难者。

国家公祭日的设立，是缅怀过去，更是抚慰民心、顺应民意的措施，同时国家公祭日的设立，也是中国与世界更好地在沟通，在向全世界传递中华民族对于人权和文明的态度，在向全世界表达我们热爱和平、维护和平的决心与责任。就如欧洲一年一度纪念奥斯威辛集中营死难者一样，南京大屠杀死难者国家公祭日，是中国的，也是全世界的。

南京大屠杀死难者国家公祭仪式

以国家名义进行正式纪念与公祭，其世界意义在于，促使人类历史记忆长久保持唤醒状态，而避免出现哪怕是片刻的忘却与麻木，共同以史为鉴、开创未来，一起维护世界和平及正义良知，促进共同发展和时代进步。

国家公祭日的设立表明中国人民反对侵略战争、捍卫人类尊严、维护世界和平的坚定立场。2014年12月13日，国家举行了首个公祭日，党和国家主要领导人出席，南京全城默哀。

超链接

南京大屠杀

1937年12月13日，日军进占南京城，在华中方面军司令官松井石根和第六师团师团长谷寿夫等法西斯分子的指挥下，对我手无寸铁的同胞进行了长达6周惨绝人寰的大规模屠杀。

据1946年2月中国南京军事法庭查证:日军集体大屠杀28案，19万人，零散屠杀858案，15万人。日军在南京进行了长达6个星期的大屠杀，中国军民被枪杀和活埋者达30多万人。

中华民族在经历这场血泪劫难的同时，中国文化珍品也遭到了大掠夺。据查，日本侵略者占领南京以后，派出特工330人、士兵367人、苦工830人，从1938年3月起，花费一个月的时间，每天搬走图书文献十几卡车，共抢去图书文献88万册，超过当时日本最大的图书馆东京上野帝国图书馆85万册的藏书量。

读了上面的文字，你是否为南京大屠杀而震惊？你是否也有“国弱被人欺”的思考？

小知识

法西斯：是一种国家民族主义的政治运动。泛指最反动最野蛮的独裁制度和思想体系。

默哀：表示沉痛的悼念；低头肃立。

说一说

博博：我知道，第二次世界大战结束后，主要参战国政府纷纷推出国家级哀悼日，以国家公祭的形式来祭奠在惨案中死难的国民，增强现代人对国家遭受战争灾难历史的记忆。

文文：我还想多了解一些有关南京大屠杀的事情。

我也说说：

人物点击

沉痛的回忆

83岁的南京大屠杀幸存者王津 她要将这个好消息告诉她那苦命的爸爸，告慰（wèi）他的在天之灵。（侵华日军）根本不是人，往父亲身上戳了好多刀。如今国家设立公祭日，这样的决定太好了，这对他们这些经历了那场灾难的幸存者来说，是个重大的安慰，大家非常拥护。

85岁的南京大屠杀幸存者夏淑琴 设立国家公祭日，表明国家对这段历史的重视，既是对死难者的尊重，也是对世人的警示。多年来，她一直坚持与否定历史的日本右翼势力做斗争，为维护历史公正而努力。尽管她年龄大了，但只要身体允许，她依然会坚持下去！

90岁的南京大屠杀幸存者杨翠英 这是国家强大的表现，举行国家公祭，就是要告诉所有的人，那段地狱般的历史是不容忘却的。4个亲人被侵华日军残忍杀害，这种心灵上的创伤伴随了她一生。每当这个日子，她都会想念亲人，痛恨日本兵。这样苦难的历史一定不能重演。

回忆·伤痛

再次讲起那段历史时，83岁的李慧如神情平淡。在这位南京大屠杀亲历者看来，那段无数次讲起的往事，已不再是痛苦、害怕或者怨恨，现在的她，宁愿做一个历史的记录者和传播者。"我们兄弟姐妹五人都躲过了大屠杀，却没跑过时间。"李慧如说，她是兄弟姐妹中唯一一位还活着的，她不希望

这段历史被湮没（yān mò）。躲进寺庙里，也没能躲过日本兵的屠杀。

1930年农历1月24日，李慧如出生在武定门边的菜农家庭，她是老三。1937年冬天，李慧如带着三个弟弟，头一回看到飞机。“当时人们都往难民营跑，但我爷爷说，谁也不许跑。”李慧如说，“爷爷说：咱种菜卖菜，日本人还能胡乱杀人?”

后来，在一些逃难者口中得知了日本人的残暴后，李慧如的爷爷、父亲、母亲、叔叔、婶婶和六个孩子，都躲进了武定门附近的寺庙里。李慧如说，小小的寺庙里挤了几十号逃难的老百姓。日本人进城的时候，李慧如还跟着几个稍大的孩子爬到山坡上看，刚一露头，一梭子弹就打了过来。“我二姐拉着我就跑。”李慧如说，当她们跑进寺庙时，一队日本兵也摸上了庙门。

“我爷爷先冲向大门，一个日本兵用刺刀把他钉在门槛上。”李慧如说，再后来，一颗子弹打入了父亲的胸膛，她14岁的大哥也被日本人的刺刀捅穿。

当时李慧如躲进了一间厢房，与二姐和两个弟弟一起躲在炕上“装死”躲过了屠杀，李慧如的叔叔则被隔着衣柜门捅死了，婶婶躲过了一劫。

“我们这几十个人就剩下了十几个。”李慧如说，在她所经历的大屠杀的第二天，菜地伙计“王长伯伯” 被日本人绑在了一棵树上。“杀他的时候，让我们去看。日本人先割下了王长伯伯的耳朵，又划瞎了他的眼睛，在一阵阵哀号声中，日本人把他开膛破肚。”

后来，日本人投降了，李慧如才敢上街，她说，正是这样的日子，让她在看到侵略者受审时，才感到特别畅快。

在李慧如的记忆里，和平来得很突然，“感觉日本人突然走了”。随后，在母亲的带领下，她和存活的四个兄弟姐妹一起，回到了之前的菜地与草房。

不管是战争，还是审判，都已经远离这位老人很久了，如今的李慧如只是一个戴着老花镜，走路颤颤巍巍的八旬老人。 老人说，她的故事，在之前，只讲给自己的儿女听过，现在她的同龄人渐渐老去，她的身体也大不如前，她有一个愿望，就是让更多的人知道这一段普通人的历史。

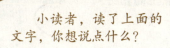

小读者，读了上面的文字，你想说点什么？

小读者，你还知道哪些和南京大屠杀有关的人物或故事吗？和大家分享吧！

经典呈现

公祭鼎铭文

泱泱华夏，赫赫文明。仁风远播，大化周行。
洎及近代，积弱积贫。九原板荡，百载陆沉。
侵华日寇，毁吾南京。劫掠黎庶（lí shù），屠戮苍生。
卅万亡灵，饮恨江城。日月惨淡，寰宇震惊。
兽行暴虐，旷世未闻。同胞何辜，国难正殷。
哀兵奋起，金戈鼍鼓。兄弟同心，共御外侮。
捐躯洒血，浩气干云。尽扫狼烟，重振乾坤。
乙酉既捷，家国维新。昭昭前事，惕（tì）惕后人。
国行公祭，法立典章。铸兹宝鼎，祀（sì）我国殇。
永矢弗谖（shǐ fú xuān），祈愿和平。中华圆梦，民族复兴。

这是公祭鼎上的铭文，
我们一起来读一读吧！

超链接

国家公祭

2014年12月13日，南京大屠杀死难者国家公祭仪式上，77名中学生齐声诵读的《和平宣言》发出了对和平的呼唤。《和平宣言》的作者、著名诗人冯亦同表示，《和平宣言》共240字，以诗歌的形式，参考《诗经》的韵文体，四字一句，既考虑到彰显南京历史文化特色，也考虑到契合国家公祭仪式这样庄重的场合。

与南京大屠杀有关的电影
也有很多，小读者可以抽时间去
看看，铭记那段屈辱的历史。

《南京！南京！》

NANJING! NANJING!
A LU Chuan Film

本片是第一部民间视角下的有关南京大屠杀的作品，影片通过一名普通日本士兵和一名普通中国士兵在南京大屠杀期间的经历，揭示了1937年南京疯狂杀戮强奸掠夺的背后，战争对人性的摧残，以及战争的残酷性。影片是从1937年的12月，南京城破开始。尽管有大批的国民党士兵溃逃出城，但与此同时，也仍然有大量不愿意投降的士兵留了下来，在这座城市的街头巷尾展开了无望而惨烈的抵抗。让人们意识到如今的和平来之不易，珍爱和平，警钟长鸣！

《屠城血证》

屠城血证
编剧：谢光宁
导演：罗冠群
主演：翟乃社
陈道明
雷恪生

这是中国大陆第一部关于南京大屠杀题材的影片，影片围绕南京大屠杀的史实展开，将日本侵略者的罪行用电影的方式展示给世人。通过这个影片，让我们铭记这段历史、勿忘国耻，同时懂得珍惜现在和平幸福的生活。

读史使人明智，小读者，
让我们一起来读读这些书吧！

《南京浩劫——被遗忘的大屠杀》

RAPE
南京浩劫
OF

作者张纯如通过实地采访多位大屠杀幸存者，并佐以大量历史档案、第三方当事人的日记和书信，多视角回溯了南京大屠杀这一被遗忘的历史事件。书中讲述屠杀发生时“中国人个体的故事：失败、绝望、背叛和幸存的经历”以及那些冒着生命危险帮助中国平民的西方人士的故事。

《南京大屠杀史料集》

南京大屠杀
史料集
东京审判日方文献及报道

这是一部以南京大屠杀为主题的历史文献资料的汇总。由南京大学教师联合兄弟院校、研究机构花费十年时间，至2011年全部出版完成，共4000余万字、78卷，是世界上关于南京大屠杀最翔实的史料集。

超链接

好书推荐卡

《拉贝日记》	《日本侵略军在中国的暴行》
《魏特琳日记》	《日本侵华图片史料集》
《南京那一年》	《南京1937》

活动集锦

南京举行的第二个国家公祭日活动

12月13日是南京大屠杀死难者国家公祭日，南京举行了多种悼念活动。

常设性活动

12月13日，在侵华日军南京大屠杀遇难同胞纪念馆举行南京大屠杀死难者国家公祭仪式。

早晨7:00 在侵华日军南京大屠杀遇难同胞纪念馆的集会广场举行升国旗和降半旗仪式。

上午10:00 在南京市的17处南京大屠杀遇难同胞丛葬地、12个社区和部分爱国主义教育基地，与国家公祭仪式同步举行悼念南京大屠杀死难者活动。

下午3:00 在侵华日军南京大屠杀遇难同胞纪念馆的遇难者名单墙前举行"世界和平法会"，百余名中日两国僧人、10余名南京大屠杀幸存者及遇难者遗属一起举行和平法会，以此告慰遇难者亡灵，祈愿世界和平。

晚上6:00 在侵华日军南京大屠杀遇难同胞纪念馆的祭奠广场举行"烛光祭"活动。南京大屠杀幸存者及遗属代表与南京青少年、国际友人一起点燃红烛，举行"烛光祭"，寄托对30万遇难同胞的无尽哀思。

"勿忘国耻，圆梦中华"

南京市大中小学生暨各界人士公祭抗日航空烈士诗歌朗诵活动在南京抗日航空烈士纪念碑广场隆重举行。当日，来自北京、上海、安徽等地的100多名参观者，来到南京民间抗日战争博物馆，参加该馆组织的悼念活动并观看国家公祭日的电视直播。幸存者李秀英的女儿陆玲用母亲的亲身经历，向现场的参观者揭露了日军的侵华罪行，号召大家牢记历史、珍惜和平。

“前事不忘，后事之师”专题史实展开展

为了更加充分地揭露侵华日军在南京犯下的罪行，彰显正义与和平的力量，经国家批准，对南京利济巷侵华日军慰安所旧址进行修缮，建立了南京利济巷慰安所旧址陈列馆，现已完成陈列布展；同时，对侵华日军南京大屠杀遇难同胞纪念馆进行了扩容，建成了南京抗战胜利纪念馆，在此举办了“正义必胜、和平必胜、人民必胜——中国战区反法西斯战争胜利暨审判日本战犯史实展”。12月1日和7日，两馆分别举行开馆和开展仪式。

“铭记历史，开创未来”群众性祭忆活动

11月30日下午，推出“十网联动在线公祭”网上悼念南京大屠杀死难者活动。从12月1日起，集中开展为期1个月的南京大屠杀死难者遗属家庭祭告活动。开展“让记忆照亮未来”国家公祭原创微视频大赛。12月8日上午10：00，在南京市档案馆召开新闻发布会，公布《南京市临时参议会南京大屠杀敌人罪行调查档案》。

“以史为鉴，警示未来”系列图书首发式

在国家公祭日前，江苏省和南京市完成了《南京大屠杀死难者国家公祭读本》小学版、初中版和高中版的修订，集中出版了《南京大屠杀辞典》（2—5卷）等一批图书，并于12月2日起陆续举行首发式和线上刊载活动。

“凝聚力量，圆梦中华”舞台剧纪录片演播

国家公祭日前后，南京集中展演了10部舞台剧，并在省、市电视台播出10集纪录片《外国人眼中的南京大屠杀》。

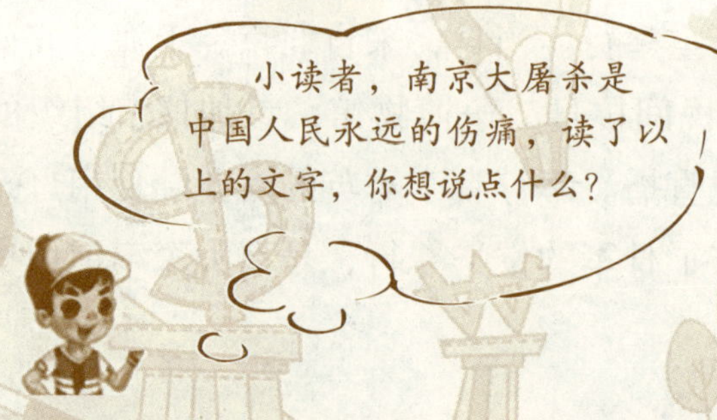
小读者，南京大屠杀是中国人民永远的伤痛，读了以上的文字，你想说点什么？

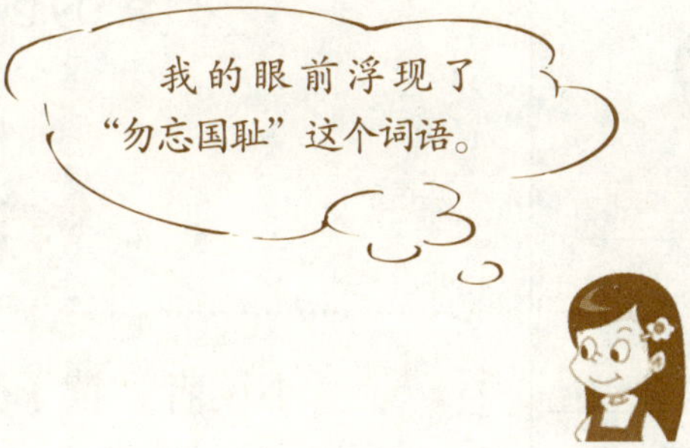
我的眼前浮现了
"勿忘国耻"这个词语。

超链接

国外烈士纪念日活动

1921年11月11日，英国举行了第一次"阵亡将士纪念日"活动。此后，每年距离11月11日最近的周日成为英国的"烈士纪念日"。每年这天，英国女王会亲自主持纪念仪式，王室成员、政府高官、军队将领都会参加。当天11时，市民们还会集体默哀两分钟。

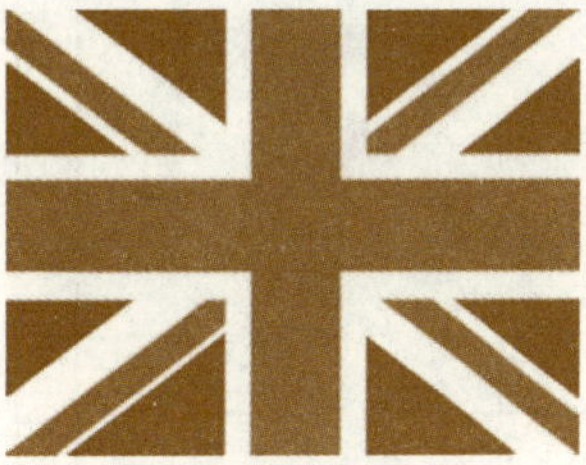
英 国

每年5月的最后一个星期一是美国的"阵亡将士纪念日"。美国总统会出席在阿灵顿国家公墓举行的纪念仪式，向无名士兵墓敬献花圈，并发表演讲。当天15时是"全国追思时刻"，美国民众会默哀。很多现役军人和老兵会前往墓地，鸣枪向阵亡将士致意。

美 国

为了悼念在第二次世界大战期间惨遭纳粹杀戮的600万犹太人，1951年，以色列政府通过法令，把犹太历每年4月27日定为"大屠杀死难者和英雄纪念日"。当天上午10点，以色列全国各地同时拉响警笛，包括餐馆、酒吧、电影院等所有娱乐场所都要关闭。

以色列

我的摘录

我的收获

我的创意设计

小读者，读了上面的文字，请你和小伙伴们，为你所在的学校设计一个有意义的国家公祭日活动。

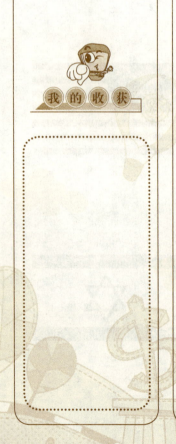

心灵驿站

到站了，休息，休息！

在这一站，你是不是感到深深的痛楚：南京大屠杀，这是一个中国人民心中永远挥之不去的阴影；这是一座千古奇耻的纪念碑；这是一个"国穷民穷被狗欺"的有力见证；这是300000中国人生命的终点。

你是不是还有一腔悲愤：如今日本人不但没有承认自己当年的错误，而且教育他们的后代这是他们的光荣。这是天大的耻辱啊！

你更应该有一份责任与担当：中国要扭转乾坤，这个重担就落在你们身上。你们要记住这段发生在这片美丽的土地上那一段不堪回首的惨痛记忆，牢记国之耻辱；"少年强则国强"，你们也要辛勤努力，建设更加美好的祖国，因为"国弱被人欺"！